社会福祉関係者のための
個人情報保護 Q&A

五味 祐子 著

全国社会福祉協議会

まえがき

　本書は、平成29年5月30日に全面的に施行された「個人情報の保護に関する法律」（個人情報保護法）の改正法、個人情報保護委員会による各種ガイドライン、厚生労働省によるガイダンスの内容を踏まえ、法令の基本事項、社会福祉法人における個人情報管理のための組織体制の整備と個人情報の具体的な取扱いについて、Q&A形式でとりまとめたものです。

　個人情報保護法が制定された平成15年以降、情報通信技術の飛躍的な発展により、ビッグデータの利活用などビジネスにおいて個人情報が多様な形態で利活用されるようになりました。他方、こうした社会経済情勢の大きな変化を受けて、事業者からの個人情報流出に対する国民の懸念も高まっています。とりわけ、大量の個人情報流出事案が発生し、本人が知らないうちに名簿業者が個人情報を売買するという実態が明らかになったことから、漏えい事案への対策も強く要請されました。

　そこで、改正法は、個人情報の利活用と保護のバランスが配慮されており、個人情報の利活用を促進する制度と保護を強化する制度が新たに規定されています。社会福祉関係事業者においても、社会福祉サービス利用者の利益のために、個人情報を利活用するとともに、適正に取り扱うことが求められます。

　また、改正法によって、これまでは適用対象外とされていた中小規模事業者についても個人情報保護法が適用されることとなりました。中小規模の社会福祉関係事業者においては、個人情報保護のための組織体制の整備と改正法に対応したルールの策定が求められます。

　本書が、社会福祉関係事業者における個人情報の適正な取扱いと改正法の理解促進に役立てば幸いです。

平成30年3月

　　　　　　　　　　　　　　　　　　　　　　　　　　　五味　祐子

目 次

I 個人情報保護法とは　7

- **Q1** 個人情報保護法の改正の背景と目的 —— 8
- **Q2** 個人情報保護法改正のポイント —— 10
- **Q3** 「ガイドライン」の法的位置づけ —— 12
- **Q4** ガイダンスの趣旨・基本的考え方 —— 14
- **Q5** ガイダンスの遵守 —— 17
- **Q6** 改正による社会福祉関係事業者への影響 —— 18
- **Q7** 中小規模事業者や非営利組織における対応 —— 20

II 社会福祉関係事業者の責務と対応　25

- **Q8** 個人情報保護に向けた具体的取り組み —— 26
- **Q9** 個人情報管理体制構築のすすめ方 —— 28
- **Q10** プライバシーポリシー —— 31
- **Q11** 個人情報保護に関する法律の公表 —— 32

III 定義等　33

- **Q12** 「個人情報」「個人識別符号」とは —— 34
- **Q13** 「個人情報」の具体例 —— 36
- **Q14** ケース研究等における留意点 —— 38
- **Q15** 匿名加工情報と匿名化との違い —— 40
- **Q16** 職員の個人情報に関する取扱い —— 41

- Q 17 要配慮個人情報の定義 ———————————— 43
- Q 18 要配慮個人情報の取扱い ——————————— 46
- Q 19 要配慮個人情報の取得 ———————————— 48
- Q 20 個人情報データベース等の意味 ——————— 50
- Q 21 個人情報取扱事業者とは ——————————— 53
- Q 22 匿名加工情報の定義 —————————————— 55
- Q 23 匿名加工情報の判別 —————————————— 56
- Q 24 匿名加工情報の取扱い ————————————— 57
- Q 25 匿名加工情報の作成方法 ——————————— 59
- Q 26 匿名加工情報の利用 —————————————— 60

IV 個人情報の取扱い（取得・利用・提供） 61

1．利用目的の特定等、目的外利用の禁止

- Q 27 利用目的の特定 ———————————————— 62
- Q 28 目的外利用の禁止 —————————————— 63
- Q 29 利用目的の通知と公表 ———————————— 65
- Q 30 利用目的の通知と公表に関する例外 ————— 68
- Q 31 利用目的の追加、変更 ———————————— 70
- Q 32 行政機関等に個人情報を提供する際の取扱い — 72
- Q 33 判断能力が不十分な場合の本人の同意の取扱い — 74

2．適正な取得・管理

- Q 34 個人情報の取得方法 ————————————— 76

3. 利用・提供

- Q 35「第三者提供」の範囲① ——— 77
- Q 36「第三者提供」の範囲② ——— 79
- Q 37「第三者提供」の範囲③ ——— 81
- Q 38「第三者提供」の範囲④ ——— 82
- Q 39「第三者提供」の範囲⑤ ——— 84
- Q 40「第三者提供」の範囲⑥ ——— 85
- Q 41 過去のケース記録や診療録の入手・提供 ——— 87
- Q 42 第三者提供における本人同意の例外 ——— 89
- Q 43 オプトアウトとは ——— 91
- Q 44 個人データの共同利用 ——— 93
- Q 45 外国の第三者への提供 ——— 95
- Q 46 第三者提供に係るトレーサビリティ制度 ——— 97
- Q 47 確認・記録の作成・保存義務 ——— 99
- Q 48 個人データの保存、廃棄 ——— 100

V 安全管理措置　103

1. 管理

- Q 49 個人データの更新・消去 ——— 104
- Q 50 安全管理措置と監督義務 ——— 105
- Q 51 職員に対する監督義務の具体的内容 ——— 109
- Q 52 職員に対する教育・研修 ——— 111

  Q53 外部委託の際の留意点 ——————— 112

2. 漏えい時対応
  Q54 個人データ漏えい時の対応 ——————— 115

VI 問い合わせ対応　　119

1. 個人情報の開示等請求への対応
  Q55 個人情報開示請求への対応 ——————— 120
  Q56 利用停止請求等への対応 ——————— 122
  Q57 代理人からの請求への対応 ——————— 124
  Q58 開示請求等の求めに応じる場合の手続 ——— 126
  Q59 保有個人データに関する公表と問い合わせ対応 ——— 127

2. 苦情処理体制
  Q60 苦情処理体制 ——————— 128

資料編　　129

個人情報の保護に関する法律（平成15年法律第57号）—— 130

個人情報の保護に関する基本方針
（平成16年4月2日　閣議決定）——————— 144

個人情報の保護に関する法律施行令
（平成15年政令第507号）——————— 150

個人情報の保護に関する法律施行規則
（平成28年10月5日個人情報保護委員会規則第3号）—— 154

I 個人情報保護法とは

II 社会福祉関係事業者の責務と対応

III 定義等

IV 個人情報の取扱い（取得・利用・提供）

V 安全管理措置

VI 問い合わせ対応

資料編

Ⅰ 個人情報保護法とは

Q1 個人情報保護法の改正の背景と目的

個人情報保護法の改正の背景は何ですか。

A
　改正前の「個人情報の保護に関する法律（以下、改正前の同法を「旧法」という）」は2003（平成15）年に制定されましたが、その後、10年以上実質的な改正は行われていませんでした。

　今回の改正が行われた背景として、次のような社会経済の変化があります。情報通信技術の飛躍的発展によって、旧法の制定当時に想定されていなかった個人情報の多種多様な利用形態が見られるようになりました。膨大なデータ（ビッグデータ）の収集・分析によって新しいビジネス、新しいサービスが生み出され、個人情報の利活用が行われています。なかでも、パーソナルデータと呼ばれる個人の行動や状態（趣味、嗜好）に関する情報の利用価値は高いものと考えられています。

　他方、個人情報のビジネスでの活用がすすむにつれ、消費者のプライバシーに対する権利意識が高まり、個人情報の悪用に対する懸念も強くなっています。個人情報の保護、適正な取り扱いがより一層強く求められるようになっています。

　加えて、企業活動のグローバル化により個人情報の利活用も国境を越えたやりとりとなり、国際的にも個人情報の保護と円滑なデータ流通の確保が求められています。

　こうした背景から法改正が行われ、2015（平成27）年9月3日、「個人情報の保護に関する法律及び行政手続における特定の個人を識別するための番号の利用等に関する法律の一部を改正する法律」（以下「改

正法」又は、「改正個人情報保護法」という）が成立し、同月9日に公布されました。

　この改正法は2016（平成28）年1月1日にその一部が施行され、2017（平成29）年5月30日から全面施行されました。また、個人情報保護についての監督等を行う独立機関として、「個人情報保護委員会」が設置され、改正個人情報保護法に基づく監督権限は個人情報保護委員会に一元化されました。

　改正個人情報保護法は、「個人情報の有用性に配慮しつつ、個人の権利利益を保護すること」を目的としています（1条）。つまり、プライバシーの保護を含む、個人の権利利益の保護を図ることを目的としていますが、他方、個人情報の多様な利用が、個人のニーズを事業に的確に反映させたり、迅速なサービスの提供等を実現しており、国民生活に欠かせないものとなっていることを踏まえて、個人情報の取り扱いにおいては、個人情報の保護と適正かつ効果的な活用のバランスを考慮することとするものです。

　したがって、事業者においても、個人情報の保護と活用のバランスをとるという視点をもって、個人情報の取扱いを行うことが求められます。

I 個人情報保護法とは

Q2 個人情報保護法改正のポイント

今回の個人情報保護法改正の主なポイントは、どのようなものですか。

A 改正の主なポイントは次のとおりです。

1 「個人情報」の定義の明確化と適用対象事業者の拡大

これまで、個人情報として取り扱うべきか曖昧な、いわゆるグレーゾーンがありました。そこで、改正法では、グレーゾーンを整理するために「個人情報」の定義が明確化されました。例えば、特定の個人の身体的特徴を変換したもの（例：顔認識データ）なども個人情報とすることを明確にされています。

また、人種、信条、病歴など情報漏えいすることによって不当な差別、偏見等を受ける恐れがある個人に関する情報を「要配慮個人情報」として定義づけ、本人の同意を得て取得することが義務化されました。

さらに、取り扱う個人情報が5000人分に満たない事業者についても改正法が適用されることになりました。

2 適切なルールのもとで個人情報の有用性を確保するための制度の整備

改正法には、特定の個人を識別されないように加工された「匿名加工情報」という新しい定義が設けられ、本人の同意に代わる一定の条件のもとで、自由な利活用が認められました。

また、利用目的の変更を制限する規定も緩和されました。

3　個人情報の保護を強化

　個人情報の漏えいが生じた場合に、漏えいした個人情報の流通経路をさかのぼることができるようにするトレーサビリティ制度と、不正に個人情報を提供した場合の罰則（個人情報データベース等不正提供罪）が新たに設けられました。

4　事業者の監督体制の変更

　事業分野ごとの所管監督官庁による監督（主務大臣制）を廃止し、事業者に対して一元的な監督を行うための独立機関として「個人情報保護委員会」が新たに設置されました。

5　データ流通のグローバル化への対応

　外国の事業者に対する個人情報保護法の適用関係を明確にされ、事業者が外国の第三者に対し個人情報を提供する場合のルールが明確にされました。

Ⅰ 個人情報保護法とは

Q3 「ガイドライン」の法的位置づけ

個人情報保護法に関するガイドラインはどのようなものですか。

A

1 ガイドラインの種類

　改正法に合わせて、個人情報保護法4条、8条および60条に基づく具体的な指針として、個人情報保護委員会からガイドラインが公表されました（https://www.ppc.go.jp/personal/legal/）。

　ガイドラインは、個人情報保護法全体をカバーする「通則編」（以下「ガイドライン通則編」という）、「外国にある第三者への提供編」（以下「ガイドライン外国第三者提供編」という）、「第三者提供時の確認・記録義務編」（以下「ガイドライン第三者提供編」という）および「匿名加工情報編」（以下「ガイドライン匿名加工情報編」という）が策定、公表されています。

　さらに、個人情報保護委員会から、情報漏えい時の対応に関して、「個人データの漏えい等の事案が発生した場合等の対応について」という告示が公表されました。

　これらのガイドライン、告示についてのQ＆Aも公表されています。

　また、雇用分野については、厚生労働省から、「雇用管理分野における個人情報のうち健康情報を取り扱うに当たっての留意事項」という通達が公表されました。この内容については、旧留意事項通達と内容に変更はないものとされています。

2　ガイドラインの法的位置づけ

　ガイドラインの中で、「しなければならない」「してはならない」と記述されている事項は、これらに従わなかった場合、法違反と判断される可能性があります。事業者はこれらの記述のある事項については最低限遵守しなければなりません。他方、「努めなければならない」「望ましい」等記述されている事項については、これらに従わなかった場合、「直ちに法違反と判断されることはない」とされていますが、「事業者の特性や規模に応じ可能な限り対応することが望まれる」とされています。そのため、事業者は、できる限りこれらの事項に対応するように努めることが求められています。

I 個人情報保護法とは

Q4 ガイダンスの趣旨・基本的考え方

「医療・介護関係事業者における個人情報の適切な取扱いのためのガイダンス」の基本的考え方と適用対象事業者の範囲を教えてください。

1 ガイダンスの公表

特に厳格な個人情報の管理が求められる特定分野については、個人情報保護委員会から、その分野についてのガイダンスが公表されています。

そのうち、病院、診療所、薬局、介護関係事業者（個人情報保護法6条および8条）については、法に沿って介護の現場の実務に当てはめた際の詳細な留意点や事例を示すものとして、個人情報保護委員会事務局と厚生労働省から平成29年4月14日付「医療・介護関係事業者における個人情報の適切な取扱いのためのガイダンス」（以下「ガイダンス」という）が発出されています。

ガイダンスに関するQ＆Aとして、厚生労働省から「『医療・介護関係事業者における個人情報の適切な取扱いのためのガイダンス』に関するQ＆A（事例集）」（以下「Q＆A」という）も公表されています。

したがって、介護関係事業者における個人情報の適正な取扱いの基本的内容についてはガイダンスを、また、ガイダンスに記載のない事項については、各種ガイドラインを参照することになります（本書Q3参照）。

なお、改正法の施行に先立ち、従来の「福祉分野における個人情報保護に関するガイドライン」と「医療・介護関係事業者における個人

情報の適切な取扱いのためのガイドライン」は廃止されました。

2　ガイダンスの基本的考え方

　ガイダンスは、医療・介護関係事業者について、法令、個人情報の保護に関する基本方針およびガイダンスの趣旨を踏まえて個人情報の適正な取扱いに取り組む必要があるとしています。

　ガイダンスには、法の規定により遵守すべき事項と遵守することが望ましい事項が具体的に示されています。

　ガイダンスには【法の規定により準種すべき事項等】と【その他の事項】を分けて定められています。【法の規定により遵守すべき事項等】において、「しなければならない」等と記載された事項については、法の規定に基づき厳格に遵守することが求められます。また、【その他の事項】については、法に基づく義務等ではありませんが、達成できるよう努めることとされています（ガイダンスⅠ2参照）。

　ガイダンスは、事業者の法律上の義務の内容を具体的に示していることから、個人情報保護委員会による「報告徴収」、「立入検査」、「指導・助言」、「勧告」、「命令」の判断基準となるものと考えられます。したがって、社会福祉関係事業者にとっては、ガイダンスは個人情報保護を取り扱う際の行動基準として機能することとなります。

3　ガイダンスの対象となる事業者の範囲

　国の行政機関については「行政機関の保有する個人情報の保護に関する法律」、独立行政法人については「独立行政法人等の保有する個人情報の保護に関する法律」、県立の特別養護老人ホームなどの自治体の介護施設については各自治体の条例がそれぞれ適用されます。これらは個人情報保護法やガイダンスの直接の対象にはなりません。しかし、その基本的考え方は個人情報保護法やガイダンスと同様であることから、行政機関等についてもガイダンスを十分配慮することが望ましいとされています。

4　ガイダンスの対象となる介護関係事業者の範囲

　ガイダンスの対象となる介護関係事業者は、介護保険制度によるサービスを提供する事業者だけでなく、高齢者福祉サービス事業を行う者が広く含まれます。
　具体的には、
- ・特別養護老人ホームなどの介護保険施設
- ・訪問介護事業者などの居宅サービス事業を行う者
- ・介護保険の指定を受けずに有料老人ホームを経営する者
- ・養護老人ホーム
- ・ケアハウス

等が含まれます。
　介護関係事業者から業務委託を受けた事業者（例えば、検体検査、利用者への食事の提供、施設の清掃などの業務委託）も、ガイダンスに沿った個人情報の安全管理措置を講ずることが求められます。介護関係事業者は、業務委託先の選定にあたり、ガイダンスの趣旨を理解し、これにそった対応を行う事業者とすること、委託先事業者に対して定期的にモニタリングを行うことが求められています。
　なお、介護関係事業者以外の事業者は、直接ガイダンスが適用されるわけではありません。しかし、社会福祉関係事業者は個人情報の取扱いについて高い水準が要求されているため、厳格なルールを定めるガイダンスに準拠することによって、利用者や社会からの信頼を得ることができるものと考えます。

個人情報保護法とは

Q5 ガイダンスの遵守

ガイダンスを遵守しない場合、どのような問題がありますか。

A
　ガイダンスにおいて、【法の規定により遵守すべき事項等】に記載された事項のうち、医療・介護関係事業者の義務とされている内容が遵守されない場合、個人情報保護委員会は、40条から42条の規定に基づき、「報告徴収」「立入検査」「指導・助言」「勧告」および「命令」を行うことがあります。

　また、個人情報保護委員会から事業所管大臣にこれらの権限が委任された場合、さらに地方公共団体の長等に委任された場合には、それぞれがガイダンスに遵守しない事業者に対して法に基づく報告徴収および立入検査を行うことがあります。

I 個人情報保護法とは

Q6 改正による社会福祉関係事業者への影響

個人情報保護法の改正によって、社会福祉関係事業者にどのような対応が必要とされていますか。また、経営者には何が求められますか。

1 社会福祉関係事業者への影響

今回の法改正によって、従来よりも個人情報の利用制限が緩和された事項もありますが、「要配慮個人情報」「匿名加工情報」といった新たな概念や個人情報のトレーサビリティ制度など適正な利用、流通を確保するための新たな制度も導入されました。

社会福祉関係事業者は、旧法制定以降、個人情報の取扱いに係る安全管理体制を整備し、適正利用に努めてきたと思われますが、法改正により新たに導入された概念、制度を確認し、現状の体制や運用状況を見直すことが求められます。

2 中小規模事業者について

中小規模事業者は、これまで個人情報保護法の適用対象から除外されていました。しかし、法改正によって適用除外が廃止されたため、個人情報の安全管理体制の整備と適正な取扱いを行う義務を負うことになりました。中小規模事業者は、個人情報の安全管理体制の整備、社内規則等の策定、職員への教育研修等を実施し、改正法に対応しなければなりません。

3 社会福祉事業者の経営者に求められる姿勢

　社会福祉関係事業者は、利用者やその家族についての、他人が容易に知り得ない機微な個人情報を詳細に知り得る立場にあります。社会福祉サービスの提供において取り扱う個人情報には、病歴、健康情報、家庭情報、生活実態、収入、資産、負債などがあり、機微情報も多く含まれています。このような機微な個人情報の情報漏えいや不適切な利用がひとたび発生すれば、これにより生じ得る被害者の苦痛や被害は事後的な権利回復が難しいものです。したがって、社会福祉関係事業者は、他の分野よりも個人情報の適正利用が強く求められます。経営者は、高い水準の安全管理体制の整備と適正な利用が求められていることを改めて認識し、職員の意識向上を図ることが求められます。

　他方、今回の改正は、個人情報の利活用や有用性への配慮も求めるものとなっています。旧法制定以降、事業者の法令への過剰反応や自己保身的な対応によって、個人情報の提供、共有において委縮、制限的な対応が多く見られました。緊急時に、必要な利用者に対して適時適切なサービスが行き届かないなど、かえって利用者の権利利益に反する事態が発生しました。これらの多くは、個人情報保護法の誤った認識や思い込みなどにより起こったものです。

　経営者は、法令、ガイドラインおよびガイダンスを理解し、制度趣旨にもとづいた運用を行うよう職員に周知しなければなりません。

I 個人情報保護法とは

Q7 中小規模事業者や非営利組織における対応

改正法によって新たに個人情報保護法が適用されることになった中小規模事業者、非営利組織は個人情報の保護にどのように取り組めばよいですか。

1 中小規模事業者等への適用

　旧法は、5000人分以上の個人情報を取り扱っている事業者（個人情報取扱事業者）のみを適用対象としていたことから、これに当たらない社会福祉法人、事業者、組織については同法に基づく法的義務を負っていませんでした。

　しかし、改正法によって適用除外条項が廃止され、個人情報の件数、営利非営利を問わず、個人情報保護法が適用されることとなり、中小規模事業者に対しても個人情報を適正に取り扱うための体制整備や同法に基づく義務が課されています。

　万が一、個人情報の管理体制の不備や不適切な取扱いによって情報漏えい事故が発生すれば、損害の賠償だけでなく、利用者の事業者に対する信用が大きく低下します。その態様や件数によっては行政処分を受ける可能性もあります。

　中小規模事業者においても、福祉サービスの利用者との信頼関係を維持し、円滑かつ適切なサービス提供を行うためにも、個人情報保護法への対応は必要不可欠なのです。

2 中小規模事業者への配慮

大規模事業者と同等の安全管理体制を整備することはコストや手間がかかり、規模の小さな事業者にとって負担が大きすぎます。また、大規模事業者と同等の体制は、中小規模事業者の組織に適合しません。

そこで、改正法の附則において、個人情報保護委員会がガイドラインを策定する際に、「特に、小規模の事業者の事業活動が円滑に行われるよう配慮するものとする」と定め、中小規模事業者に過度の負担がかからないような配慮がなされています。

3 安全管理措置における特例対応

具体的には、「ガイドライン通則編」において、「安全管理措置」を講ずる義務（20条）について、中小規模事業者についての特例対応が定められています。

安全管理措置は、個人データの漏えい等による本人の権利利益の侵害の大きさを考慮し、事業の規模・性質、個人データの取扱状況（取り扱う個人データの性質・量を含む）、個人データを記録した媒体の性質等に起因するリスクに応じて、必要かつ適切な内容としなければならないとされています（本書Q50参照）。そのため、中小規模事業者においては、大規模事業者が講ずるすべての具体的措置に対応する必要がないからです。

そこで、個人情報保護委員会は、特例対応の対象となる事業者を「中小規模事業者」（従業員の数が100人以下の事業者。ただし、取り扱う個人情報の数が5000人を超える事業者と委託に基づいて個人情報を取り扱う事業者を除く）と称し、中小規模事業者が「円滑にその義務を履行し得るような手法の例」を示しています（「ガイドライン通則編」8参照）。

また、同委員会のウェブサイトには「中小企業サポートページ」が設けられており、中小規模事業者を対象とした個人情報保護法に関す

る資料等が掲載されています。

4 中小規模事業者における安全管理措置の例

中小規模事業者における「円滑にその義務を履行し得るような手法の例」の主なものは、以下のとおりです（「ガイドライン通則編」8参照）。
① 「基本方針の策定」
　事業者の名称、関連法令等の遵守、安全管理措置に関する事項、質問および苦情処理窓口等を定める。
② 「個人データの取扱いに係る規律の整備」
　個人データの取得、利用、保存等を行う場合の基本的な取扱方法を整備する。
③ 「組織的安全管理措置」
　　ア　責任者とその他の者を区分する。
　　イ　個人データの取扱ルールに従って運用されていることを責任者が確認する。
　　ウ　職員から責任者に対する報告連絡体制等を確認する。
　　エ　責任者が個人データの取扱状況について定期的に点検する。
④ 「人的安全管理措置」
　職員の教育（定期的な研修を実施し、秘密保持に関する事項を就業規則等に盛り込む）を行う。
⑤ 「物理的安全管理措置」
　　ア　個人データを取り扱う職員と本人以外が容易に個人データを閲覧できないような措置を講じる。
　　イ　個人データを取り扱う機器、個人データが記録された電子媒体や書類等の盗難や紛失の防止措置を講ずる（施錠できるキャビネット、書庫等に保管する）。
　　ウ　個人データが記録された電子媒体または書類を持ち運ぶ場合のパスワードの設定、封筒に封入し鞄に入れて搬送するなど、紛失盗難等を防止する安全な方策を講じる。

エ　個人データの削除、個人データが記録された機器、電子媒体等の破棄を責任者が確認する。
⑥「技術的安全管理措置」
　　ア　個人データを取り扱う機器および職員を明確化し、不要なアクセスを防止する。
　　イ　機器に標準装備されたユーザー制御機能（ユーザーアカウント制御）により情報システムを使用する職員を識別、認証する。
　　ウ　個人データを取り扱う機器等のオペレーティングシステムを最新の状態に保持する。
　　エ　メールにより個人データの含まれるファイルを送信する場合に、当該ファイルへのパスワードを設定する。

I 個人情報保護法とは

II 社会福祉関係事業者の責務と対応

III 定義等

IV 個人情報の取扱い
（取得・利用・提供）

V 安全管理措置

VI 問い合わせ対応

資料編

II 社会福祉関係事業者の責務と対応

Q8 個人情報保護に向けた具体的取り組み

個人情報の保護に取り組むためには何を行えばよいでしょうか。

1 経営者の意識改革

　これから本格的に個人情報の保護に取り組む事業者においては、経営者の意識改革が最も重要です。

　経営者は、個人や社会が事業者に対して求める個人情報の管理の水準が飛躍的に高まっていること、社会福祉分野においては他の分野の事業者よりも厳格な管理が求められていることを十分認識しておく必要があります。

　他方、改正法は、個人情報の利活用についても重視しており、福祉サービス利用者の真の利益に合致する形での個人情報の利活用が行われるべきです。

　したがって、経営者は、個人情報保護法の目的や制度趣旨を理解し、福祉サービス利用者の「真の利益」に合致するか否かを基軸として個人情報を取り扱うことを職員等に周知、教育していくことが不可欠です。

2 組織全体での取り組み

　すでに旧法に従った取り組みがなされている事業者においては、改正法に対応しているかという観点での見直し、点検をすることが必要です。

　また、旧法施行後、個人情報を利活用した新たな事業を開始した事業者や、組織体制の変更、規模の拡大、縮小など事業規模、内容等に

変化が生じた事業者においては、既存の体制が組織形態や事業実態に合うものであるかどうかも見直す必要があります。

他方、今回の法改正で新たに適用対象となった中小規模事業者においては、まず、経営者自身が個人情報管理体制の構築を経営課題として認識し、組織全体で取り組むことを事業者内で明確にする必要があります。個人情報の取扱いは事業者の組織全体、業務全体に関わる事項であり、相応のコスト、時間、手間を要するからです。

さらに、福祉サービス利用者の個人情報の取扱いは日常的に提供するサービスと一体化しており、個人情報の取得、利用、管理実務の変更をともなうことが多く、すべての職員の業務に影響します。したがって、個人情報保護体制の構築は、全役職員の関与が必要となります。また、相談窓口の設置、責任者の指名など組織体制や職務分掌の変更、安全管理のためのシステムの導入、職員等に対する教育研修なども必要です。

Ⅱ 社会福祉関係事業者の責務と対応

Q9 個人情報管理体制構築のすすめ方

個人情報管理体制の構築はどのようにすすめていけばよいですか。

1 個人情報管理体制の構築の手順

　個人情報管理体制の構築の手順は、事業者の規模、組織形態、個人情報管理状況によって異なります。ここでは、ゼロベースから個人情報管理体制を構築する手順の一例をご紹介します。

（1）手順と対応すべき項目

①現状の把握（洗い出し）

　保有している個人情報の種類、内容、件数、取得・管理・利用の現状を洗い出します。

　この作業により、法的義務を負う事項と現状との齟齬を把握し、対策すべき具体的な項目を抽出します。

②プライバシーポリシーの策定

　個人情報保護に対する組織の基本方針、いわゆる「プライバシーポリシー」を策定します。

　プライバシーポリシーは、事業者の個人情報保護に対する基本方針を事業者内部に周知し、対外的に明らかにするものですので、利用者にもわかりやすいものにすることが求められています（内容については本書Q10参照）。

③安全管理措置

　個人情報取扱事業者は、個人データの漏えい、滅失又は毀損の防止その他個人データの安全管理のために必要かつ適切な措置を講じ

なければなりません（20条）。「ガイドライン通則編」およびガイダンスでは、組織体制、職員、設備、技術の４つの観点で安全管理措置を講じるよう求めています（「ガイドライン通則編」41頁３－３－２、８（別添）講ずべき安全管理措置の内容、ガイダンスⅢ４・25～30頁参照）。

④個人情報の取扱いについての社内規則等の策定

　個人情報の取得、利用、保管、他者への提供、開示請求等への対応などの各場面における取扱ルールを策定し、社内規則等に落とし込みます。利用者等の立場に立った制度、ルールとし、わかりやすさを重視してください。

⑤相談窓口の設置

　利用者や家族が個人情報の取扱いについて気軽に相談ができる、相談窓口を設けます。他のサービスに関する相談窓口と兼務または連携させることで、事業者内での相談のたらい回しを防止します。

2　規模に適したすすめ方

　大規模事業者、複数の施設を有する法人などでは、個人情報管理体制を構築するために、各部門や各組織からメンバーを集めたプロジェクトチームが結成されることがあります。プロジェクトチーム方式の利点は、全社的、網羅的な取り組みが可能であり、短期間に集中して効率的に体制を構築することができる点にあります。

　他方、中小規模事業者においては、特定の部署の数名が担当者として実行することが多いと思いますが、他部署や現場との間で意見交換をするなど、組織全体の理解と協力を得ながらすすめることで、組織に合った体制構築が可能となります。

3　中小規模事業者の対応

　中小規模事業者や非営利組織には、大がかりな組織体制は必要ではありません。何よりも事業者の規模や実態等に合う個人情報管理体

制を構築することが重要です。現場の職員が対応しやすくするために、現場の業務プロセス（サービス提供のプロセス）に即したできる限りシンプルな組織体制、手続、ルールを策定することが必要です。

　中小規模事業者のとるべき安全管理措置については、ガイドライン通則編の他、社会福祉協議会、所属団体、自治体の情報や資料が参考になります。

社会福祉関係者の責務と対応

Q10 プライバシーポリシー

個人情報保護に関する考え方や方針、いわゆるプライバシーポリシーを定めて公表する場合、どのような内容を盛り込めばよいでしょうか。

A

　個人情報保護に関する基本的な考え方や方針、いわゆる「プライバシーポリシー」(「プライバシーステートメント」ともいう)とは、個人情報の取扱いについての事業者の基本的姿勢を示し、利用者や社会の信頼を確保するために策定され、外部に公表されるものです。

　プライバシーポリシーの策定・公表は、個人情報保護法上の義務ではありませんが、ガイダンスでは事業者に対して、プライバシーポリシーを策定し、個人情報の取扱いに関する明確かつ適正な規則を制定して、これらについて対外的に公表することを求めています。

　さらに、ガイダンスは、プライバシーポリシーの内容として、個人の人格尊重の理念のもとに個人情報を取り扱うこと、個人情報保護法を遵守することを示すことも求めています。

II 社会福祉関係事業者の責務と対応

Q11 個人情報保護に関する法律の公表

ガイダンスは、医療・介護関係事業者が行う個人情報保護に関する措置の透明性の確保と対外的明確化のために何を求めていますか。

A

　ガイダンスは、医療・介護関係事業者に対して、個人情報保護に関する措置について、透明性を確保し、対外的に明確にするよう求めています。

　具体的には、プライバシーポリシーの策定・公表、社内規則において、安全管理措置の概要、本人等からの開示手続、第三者提供時の取扱い、苦情対応等について具体的に定め、これを対外的に公表することを求めています。

　また、利用目的についても広く公表するよう求めています。その趣旨は、事業者が個人情報を利用する意義について利用者やその家族の理解を得ること、法を遵守して個人情報保護のため積極的に取り組んでいること（コンプライアンス）を対外的に明らかにすることと記しています。事業者は、ガイダンスのこうした求めに対応する必要があります。

I 個人情報保護法とは

II 社会福祉関係事業者の責務と対応

III 定義等

IV 個人情報の取扱い（取得・利用・提供）

V 安全管理措置

VI 問い合わせ対応

資料編

III 定義等

Q12 「個人情報」「個人識別符号」とは

改正法において、「個人情報」の定義はどのように変わりましたか。新たに定義された「個人識別符号」とはどのようなものですか。

1 定義

　旧法は、「個人情報」について、「生存する個人に関する情報」のうち、「当該情報に含まれる氏名、生年月日その他の記述等により特定の個人を識別することができるもの（他の情報と容易に照合することができ、それにより特定の個人を識別することができることとなるものを含む）」と定義していました（旧法2条1項）。

　しかし、この定義では、顔認識データ、指紋認識データなど、身体的特徴に関する情報が個人情報に該当するかが不明確でした（グレーゾーン）。また、旅券番号などの符合が個人情報に該当するかについても議論となっていました。

　そこで、改正法において、これらのグレーゾーンの情報が個人情報に該当するかどうかを明らかにするために、「個人情報」の定義を明確にするとともに、特定の個人を識別することができる符合などを「個人識別符号」として新しい定義を設けて（2条2項）、これが含まれるものも個人情報に当たることとしました。

2 「個人識別符号」とは

　「個人識別符号」とは、

①特定の個人の身体の一部の特徴をデータ化した文字、番号、記号その他の符合
②サービスの利用者個人に発行される書類等に割り当てられた文字、番号、記号その他の符合

のうち、政令で定めるものをいいます。個人識別符合はその情報単体から特定の個人を識別することができるものです。
「ガイドライン通則編」にも具体的な例が取り挙げられています。

①について
　ＤＮＡ、顔、虹彩、声紋、歩行の際の姿勢・両腕の動作、歩幅その他の歩行の態様、手指の静脈、指紋・掌紋、これらの組み合わせたものをコンピュータ処理できるようにデジタルデータ化したもの（特定の個人を識別することができるだけの水準であること）。

②について
　旅券番号、基礎年金番号、運転免許証番号、住民票コード、マイナンバー、各種保険証の被保険者の記号・番号・保険者番号などの公的な番号。

なお、携帯端末ＩＤ、携帯電話番号、クレジットカード番号、メールアドレス、ＳＮＳの会員ＩＤ等は個人識別符合に含まれていませんが（単体では個人情報に当たらない）、他の情報と容易に照合できることなどにより特定の個人を識別することが可能であれば、「個人情報」に当たります。また、メールアドレスについては、羅列された文字により個人が特定されれば、それ自体で個人情報に当たります。

Ⅲ 定義等

Q13 「個人情報」の具体例

どのような情報が「個人情報」に当たるのですか。

1 「個人情報」の具体例

　氏名、性別、生年月日などの個人を識別する情報に限らず、個人の身体（病歴、健康状態等も含む）、財産、職種、肩書等の属性に関する情報、事実、判断、評価を表すすべての情報を含みます。評価情報や公刊物などによって公になっている情報も含まれることに注意が必要です。

　また、写真・映像・音声も「特定の個人」を識別できる限り、個人情報に当たります。例えば、ウェブサイトやパンフレットなどで施設内の生活、行事を照会するために利用者の写真を掲載する場合、写真からその利用者個人を識別することができれば、「個人情報」に当たるため、あらかじめ利用者から写真の掲載について同意を得る必要があります。

　福祉サービス、利用者の心身の状況、環境、他の福祉サービスや保健医療サービスの利用状況等の記録は、氏名、生年月日その他の記載などにより特定の個人を識別することができるため、これらの記録は「個人情報」に該当します。介護関係事業者におけるケアプラン、介護サービス提供についての計画、提供したサービス内容の記録、事故状況の記録についても同様です。

　このように「個人情報」としての取扱いが求められる情報の範囲はとても広いため、実務上は、事業者が保有する個人に関する情報は、

すべて法令上の「個人情報」として取り扱うのが安全な対応です。

2 死者に関する情報

　死者に関する情報は、原則として「個人情報」には当たりません。ただし、事業者に他の法令に基づく保存義務がある場合、個人情報と同等の安全管理措置を講じるよう求めています（ガイダンスⅠ4・2頁参照）。

　また、死者の遺族などから、死者に関する情報、例えば、介護関係に関する諸記録について照会を受けた場合、利用者本人の生前の意思や名誉等を十分尊重した特段の配慮が必要となります。

　さらに、死者に関する情報が同時に遺族など生存する個人に関する情報でもある場合、その生存する個人に関する情報となります。例えば、利用者に関する記録に記載された家族の個人情報がこれに当たります。

3 その他の注意点

　情報を取得した時点で特定の個人を識別できなくても、取得後に新たな情報が付加された結果、特定の個人を識別できるようになった場合、その時点で「個人情報」となります。したがって、事業者が取得、保有しているすべての個人に関する情報が、個人情報保護法に基づく取扱いが必要とされる「個人情報」に該当し得るという意識を持つ必要があります。

Ⅲ 定義等

Q14 ケース研究等における留意点

事業者内の研修やケース検討会で特定の利用者の事例を扱う場合、外部の研究会や学会で特定の利用者の事例を発表する場合の個人情報の取扱いにおいて留意すべき点はありますか。

A

1 ケース検討会、学会発表等における取扱い

利用目的として特定されていれば、事業者内の研修において特定の利用者の事例を取り扱うことに問題はありません。

ただし、事業者の職員以外の者がこうした研修会やケース検討会に参加する場合、外部の研究会で利用者の事例を扱う場合、個人情報の第三者提供に該当します。そのため、あらかじめ利用者本人から同意を得るか（ガイダンスⅡ4・11頁、「Q＆A」【各論】4－9・28－29頁参照）利用者の「個人情報」を消去し、個人を識別できない状態とする処理、すなわち個人情報の匿名化を行った上で利用するか、いずれかの対応が必要となります。

「個人情報の匿名化」とは、個人情報から、その情報に含まれる氏名、生年月日、住所の記述等、個人を識別する情報を取り除き、特定の個人を識別できないように処理することです。学会での発表、学会誌での報告などにおいて、特定のサービス利用者の事例を利用する場合においても、「個人情報の匿名化」を行うことが必要です。

匿名化の具体的な方法は、氏名等の情報を消去する、顔写真の目の部分にマスキングを施すなどの処理が一般的です。また、氏名等の情報の代わりに個人と関わりのない符号や番号を付すこともあります。

ただし、例えば、特異な事例である場合など「症例や事例により十分な匿名化が困難な場合」については、氏名等を消去しても特定の個人を識別できてしまう場合もあります。こうした場合も踏まえ、ガイダンスでは、情報の利用目的や利用者を考慮し、匿名化の処理を行うとともに本人の同意を取得することを求めています。

　匿名化の処理を行った場合でも、利用目的に照らして本来必要とされる情報の範囲に限定して利用、提供すべきです。

2　個人情報が研究に活用される場合

　個人情報保護法は、憲法上の「学問の自由」に配慮して、大学その他の学術研究を目的とする機関が、学術研究の用に供する目的として個人情報を取り扱う場合については、同法に定める義務等の規定を適用しないとしており（76条1項）、ガイダンスも適用されません。

　そのうえで、法は、研究機関等に対し、自主的に個人情報の適正な取扱いを確保するための措置を講じることを求めて（同条3項）医学研究分野の関連指針（原則としてインフォームド・コンセント〈同意〉が必要とされている）とともにガイダンスにも留意することが期待されています。

　また、研究発表の一環として行われる場合の具体的な取扱いについては、学会などの関係団体が定めるガイドラインに従うことが必要です。

III 定義等

Q15 匿名加工情報と匿名化との違い

個人情報の匿名化と匿名加工情報との違いはどのようなものですか。

A

「個人情報の匿名化」は、改正法で新たに設けられた「匿名加工情報」の制度とは、定義もルールも異なります。

「個人情報の匿名化」は、個人情報に含まれる、氏名、生年月日、個人識別符合等、個人を識別する情報を取り除くことで、特定の個人を識別できないようにすることをいいます。

「匿名加工情報」は、個人情報に対して一定の措置を講じて特定の個人を識別することができないように個人情報を加工して得られる個人に関する情報であって、当該個人情報を復元することができないようにしたものをいいます（2条9項）。

匿名加工情報の具体的内容については、本書Q22～26をご参照ください。

Q16 職員の個人情報に関する取扱い

職員に関する情報も個人情報保護法の規定に従って取り扱うことが必要でしょうか。

1 「個人情報」該当性

施設の職員に関する情報も個人情報保護法に定める「個人情報」に当たるため、法令等に従った取扱いをしなければなりません。

人事考課などの評価情報も「個人情報」に当たります。そのほか、利用者の家族、ボランティア、実習生、研修生などに関する情報も同じく「個人情報」に当たります。

職員に関する個人情報を取得する際には利用目的の通知・公表、明示（18条）が必要ですし、第三者提供の場合のルール（23条）にも従わなければなりません。

2 厚生労働省「留意事項通達」

事業者は、職員の「要配慮個人情報」（本書Q17参照）を多数取り扱っています。具体的には、健康診断の結果、保健指導の内容、産業医面談指導の結果、ストレスチェックの結果、受診記録や療養給付に関する情報、欠勤等において提出された疾病に関する情報、その他の健康に関する情報などです。

これらの、職員の個人情報の取得、保有、利用については、厚生労働省の「留意事項通達」に従い厳格な対応が必要とされ、要配慮個人情報を含む健康情報の取扱いにおいては、ガイダンスの内容にも留意

することとされています。
　留意事項通達のポイントは、
・個人情報を取り扱う者を限定するなど、取り扱いに特に配慮すること。
・健康情報のうち診断名、検査値、具体的な愁訴の内容等、加工前の情報や詳細な医学的情報の取り扱いについては産業保険業務従事者に行わせることが望ましいこと。
・当該情報の利用範囲を健康確保に必要な範囲に限定させること。
・ストレスチェック結果等は、本人の同意を得ない限り、解雇、昇進、異動等に関して直接の権限を持つ監督的地位のある者に取り扱いをさせないこと。
等です。
　そのほかにも、健康診断等の情報を外部委託する際のルール、事業者内規程の作成、事業者内周知等についての定めも設けられています。
　また、差別や不当な待遇等がなされることを防止するために、職場での感染、まん延の可能性が低い感染症に関する情報、遺伝性疾病に関する情報については、職業上特別な必要性がある場合を除き、事業者は職員から取得すべきでないとされています。

Ⅲ 定義等

Q17 要配慮個人情報の定義

今回の改正で新しく規定された「要配慮個人情報」とは何ですか。

1 要配慮個人情報の定義とルール

「要配慮個人情報」とは、「人種、信条、社会的身分、病歴、犯罪の経歴、犯罪により害を被った事実その他本人に対する不当な差別、偏見その他の不利益が生じないようにその取扱いに特に配慮を要するものとして政令で定める記述等が含まれる個人情報」をいいます（2条3項）。

これらの個人情報は特に慎重な取扱いを要するため、特別なルールが定められました。すなわち、要配慮個人情報を取得する際には、法令に基づく場合など一部の例外的な場合を除いて、あらかじめ本人の同意を得ることが必要とされるとともに（17条2項）、要配慮個人情報を含む個人データを第三者に提供する際には、オプトアウト（本書Q43参照）の方法によることができないこととされています（23条2項）。

2 規定が設けられた背景

要配慮個人情報の規定を設けた背景には、「EU一般データ保護規則（GDPR）」（以下「GDPR」という）との関係があります。

GDPRは、EEA（欧州経済領域）から個人データをEEAの外に移転することができる場合をEUから見て移転先の国や地域において、十分なレベルの保護措置が確保されている場合（「十分性認定」という）に限定しています。

43

また、GDPRにおいて、「機微情報（センシティブ情報）」の取得は原則禁止されていますが、旧法にはこの禁止規定がなく、機微情報の保護ルールが定められていなかったことから、日本はEUから「十分性認定」を受けられず、EU域内から日本国内へ個人データを移転することが非常に困難でした。そこで、EUから「十分性認定」を受け、これを可能とするために、当該規定が設けられたのです。

3　要配慮個人情報の具体的な内容

　「人種」とは、世系または民族的もしくは、種族的な出身を意味します。国籍は法的地位であり、人種ではなく、要配慮個人情報には当たりません。また、肌の色も人種を推知させる情報にすぎないため、人種には当たりません。
　「信条」とは、個人の基本的なものの見方、考え方で、思想と信仰の両方を含みます。
　「社会的身分」とは、ある個人にその境遇として固着していて、一生の間、自らの力によって容易にそれから脱し得ないような地位を意味します。職業的地位や学歴は、社会的身分に当たりません。
　「病歴」とは、病気に罹患した経歴で、特定の病歴を示した部分がこれに当たります。他方、体重、血圧等の健康情報、血液検査の結果、レントゲン写真等は病気を推知させる情報にすぎないため、病歴には当たりません。
　「犯罪の経歴」とは、いわゆる前科（有罪判決を受けこれが確定した事実）です。
　「犯罪により害を被った事実」とは、身体的被害、精神的被害および金銭的被害の別を問わず、一定の犯罪の被害を受けた事実をいいます。

4　政令の記述

　要配慮個人情報として、政令に以下の内容が定められました。
　①「身体障害、知的障害、精神障害（発達障害を含む。）その他の

個人情報保護委員会規則で定める心身の機能の障害があること」とあり、次に掲げる障害をいいます。

　ア　身体障害者福祉法における身体上の障害
　イ　知的障害者福祉法における知的障害
　ウ　精神保健および精神障害者福祉に関する法律における精神障害（発達障害者支援法における発達障害を含み、イに掲げるものを除く）
　エ　治療方法が確立していない疾病その他の特殊の疾病であって、障害者の日常生活および社会生活を総合的に支援するための政令で定めるものによる障害の程度が、厚生労働大臣が定める程度であるもの

②本人に対して医師その他医療に関連する職務に従事する者（以下「医師等」という）により行われた疾病の予防および早期発見のための健康診断その他の検査（以下「健康診断等」という）の結果
③健康診断等の結果に基づき、または疾病、負傷その他の心身の変化を理由として、本人に対して医師等により心身の状態の改善のための指導または診療もしくは調剤が行われたこと
④被疑者または被告人として、逮捕、捜索、差押え、勾留、公訴の提起その他の刑事事件に関する手続が行われたこと（「犯罪の経歴」を除く）
⑤少年法3条1項に規定する少年またはその疑いのある者として、調査、観護の措置、審判、保護処分その他の少年の保護事件に関する手続が行われたこと

　介護関係事業者においては、介護関係記録に記載された病歴、健康診断の結果、保健指導の内容、障害の事実、犯罪により害を被った事実などが、要配慮個人情報に該当します。

Ⅲ 定義等

Q18 要配慮個人情報の取扱い

要配慮個人情報は、どのような取扱いが必要とされるのですか。

1 取得の際の本人同意

　通常の個人情報は、これを取得する際にあらかじめ利用目的を公表し、または取得後速やかに本人に通知または公表すれば、個人情報の取得自体についての本人の同意は必要ないものとされています（18条1項）。

　しかし、要配慮個人情報を取得する際には、原則として本人の同意の取得が必要です（17条2項）。これは、本人が意図することなく要配慮個人情報が取得され、不当な差別や偏見を受けることを防止するためのルールです。

　同意を取得する方法に制限はなく、口頭による同意でもかまいません（「ガイドライン通則編」24頁）。

　例外として、本人の意思よりも優先すべき利益のために要配慮個人情報の取得を認める必要性がある場合、取得を制限する合理性がない場合には、本人の同意がなくても要配慮個人情報を取得することができます（本書Q19）。

2 オプトアウトの対象外

　個人情報保護法は、個人データを第三者に提供するために、原則としてあらかじめ本人の同意を取得しなければならないと定めていますが、一定の手続をとることによって、本人の同意を得ないで個人データを第三者に提供することを認める「オプトアウト手続」を設けています（23

条2項、3項)。

　しかし、要配慮個人情報については、オプトアウトによる個人データの第三者提供は認められません。

3　その他の取扱い

　本人の同意の取得を要することやオプトアウトによる個人データの第三者提供の禁止を除き、要配慮個人情報は、他の個人情報と同じ取扱いになります。また利用目的の変更、匿名加工情報に加工したうえでの第三者提供は可能です。

Ⅲ 定義等

Q19 要配慮個人情報の取得

本人の同意を得ずに要配慮個人情報を取得できるのはどのような場合ですか。

A

　要配慮個人情報は、原則として本人の同意を得て取得しなければなりません。しかし、以下の例外事由が規定されており、本人の意思よりも優先すべき利益のためにやむを得なく、要配慮個人情報の取得を認める必要がある場合について、本人の同意を得ることなく取得することができるものとしています（17条2項）。

　ア　「法令に基づく場合」
　イ　「人の生命、身体又は財産の保護のために必要がある場合であって、本人の同意を得ることが困難であるとき」
　ウ　「公衆衛生の向上又は児童の健全な育成の推進のために特に必要がある場合であって、本人の同意を得ることが困難であるとき」
　エ　「国の機関若しくは地方公共団体又はその委託を受けた者が法令の定める事務を遂行することに対して協力する必要がある場合であって、本人の同意を得ることにより当該事務の遂行に支障を及ぼすおそれがあるとき」
　オ　「当該要配慮個人情報が、本人、国の機関、地方公共団体、第76条第1項各号に掲げる者その他個人情報保護委員会規則で定める者により公開されている場合」
　カ　「その他前各号に掲げる場合に準ずるものとして政令で定める

　　　　場合」

　具体的には次のようなケースが例外事由に当たります。
　事業者のスタッフが急病の利用者を医療機関に連れて行った場合、医療従事者はスタッフから利用者の病歴等を聴取することができ（例外事由イに該当）、改めてその利用者に同意を得る必要はありません。スタッフも、利用者本人の同意を得ることなく医療従事者に病歴等を開示することができます（第三者提供の例外事由）。
　また、児童虐待の恐れのある家庭情報のうち被害を被った事実についての情報を、児童相談所、警察、学校、医療機関等の関係機関が他の関係機関から取得する場合は、例外事由ウに該当します。
　事業者が警察の任意の求めに応じて、要配慮個人情報に該当する個人情報を提出するために当該個人情報を取得する場合は、例外事由エに該当します。
　本人、公的機関、報道機関等によって公開された情報は、本人の意思、または知る権利や公共の安全といった公共の利益のために公開されているものと考えられることから、例外事由オに該当します。
　例外事由オの「本人の公開」の例としては、ＳＮＳ、ブログ等での公開があります。公的機関による公開とは、捜査機関が被害者情報を公開して捜査協力を求める場合、有罪判決の確定を理由に失職した職員を公開する場合等があります。
　要配慮個人情報を23条5項各号に定める委託、事業承継または共同利用により取得する場合も、あらかじめ本人の同意を得る必要はありません（例外事由カ）。

III 定義等

Q20 個人情報データベース等の意味

法で定める「個人情報データベース等」「個人データ」「保有個人データ」とは、それぞれ何ですか。また、「個人情報」との違いも教えてください。

1 「個人情報データベース等」の意味

特定の個人情報を含む情報の集合体で、次のいずれかに当たるものをいいます（2条4項、3条）。

①特定の個人情報をコンピュータで検索できるよう体系的に構成した情報の集合体

②紙面で処理した個人情報を一定の規則（五十音順、生年月日順など）に従って整理・分類し、特定の個人情報を容易に検索できるよう、目次、索引、符号等を付し、他人に容易に検索可能な状態に置いているもの

改正法において、「個人情報データベース等」から、「利用方法からみて個人の権利利益を害するおそれが少ないものとして政令で定めるものを除く」ことになりました。除外されるものとして政令では、市販の電話帳、カーナビゲーションシステムに格納された氏名等のデータ、住宅地図等が定められています。これらは、市販の状態のまま使えば個人の権利利益が侵害される恐れが少ないからです。

2 「個人データ」と「保有個人データ」の意味

「個人データ」と「保有個人データ」は、いずれも「個人情報」の一形態です。

「個人データ」は、「個人情報データベース等」を構成する個人情報のことをいいます（2条6項）。

例えば、福祉施設の利用者名簿は「個人情報データベース等」であり、利用者名簿を構成する個々の利用者データが「個人データ」となります。

他方、「保有個人データ」は、「個人データ」のうち個人情報取扱事業者が本人またはその代理人から請求される開示、訂正、追加または削除、利用の停止、消去および第三者への提供の停止（以下「開示等」という）のすべてに応じることができる権限を有するものをいいます（2条7項）。

ただし、①以下のとおり、その存否が明らかになることにより、公益その他の利益が害されるもの、②6ヶ月以内に消去する（更新することは除かれる）ことになるものは、「保有個人データ」には当たりません。

　ア　当該個人データの存否が明らかになることにより、本人または第三者の生命、身体または財産に危害が及ぶ恐れのあるもの。例えば、DV、児童虐待の被害者の支援団体が保有している、加害者（配偶者または親権者）および被害者（配偶者または子）を本人とする個人データ。

　イ　当該個人データの存否が明らかになることにより、違法または不当な行為を助長し、または誘発する恐れがあるもの。例えば、反社会的勢力による不当要求の被害を防止するために、事業者が保有している、当該反社会的勢力に該当する人物を本人とする個人データや不審者や悪質なクレーマー等による不当要求の被害等を防止するために事業者が保有している、当該行為を行った者を本人とする個人データ。

ウ 当該個人データの存否が明らかになることにより、個人の安全が害される恐れ、他国もしくは国際機関との信頼関係が損なわれる恐れまたは他国もしくは国際機関との交渉上不利益を被る恐れのあるもの。

エ 当該個人データの存否が明らかになることにより、犯罪の予防、鎮圧または捜査その他の公共の安全と秩序の維持に支障がおよぶ恐れがあるもの。
例えば、警察から捜査関係事項照会等がなされることにより初めて取得した個人データ、振り込め詐欺に利用された口座に関する情報に含まれる個人データ。

　例えば、情報処理事業者などデータ処理作業を受託しているだけの事業者には、データ処理のために委託者から預かり保管している個人情報について開示等に応じることができる権限はないことから、当該受託事業者にとっては、当該個人情報は「保有個人データ」には当たりません。
　保有個人データに関する事項の公表等、開示等については、本書Q55〜59をご参照ください。

Ⅱ 定義等

Q21 個人情報取扱事業者とは

法で定める「個人情報取扱事業者」は営利の事業者のみが該当するのですか。

1 「個人情報取扱事業者」の定義

「個人情報取扱事業者」とは、個人情報データベース等を事業の用に供している者をいいます（2条3項）。

ここでいう「事業」とは社会的に「事業」とされるもので、その目的が営利であるか非営利であるかは関係ありません。自治会や学校などは非営利ですが、個人情報データベース等を利用していれば、個人情報取扱事業者に当たります。

社会福祉法人は、福祉事業を実施する事業者であり、個人情報データベース等を事業の用に供している社会福祉法人は、「個人情報取扱事業者」として個人情報保護法に定められた法的義務を負います。

2 適用除外の廃止

旧法では、「事業の用に供する個人情報データベース等を構成する個人情報によって識別される特定の個人の数の合計が過去6ヶ月以内のいずれの日においても5000を超えない者」については、「個人情報取扱事業者」としての法令上の義務を負わないものとされていました（政令2条）。しかし、今回の改正で、この除外規定が廃止されました。

これは、情報通信技術の飛躍的発展により、漏えいした個人情報はインターネットを通じて瞬時に拡散する危険性が高く、個人情報の不

適切な取扱い、漏えいによって本人の権利利益が侵害される危険性は、事業者が取り扱っている個人情報の量に左右されないこと、諸外国では中小規模事業者の適用除外規定が設けられていないことからです。

　これまで適用除外とされてきた中小規模事業者も、この改正によって、改正法施行前に取得した個人情報についても、利用目的の特定、安全管理措置を講じるなど改正法にもとづく各種義務を守らなければなりません。

Q22 匿名加工情報の定義

匿名加工情報に関する規定はなぜ設けられたのですか。個人情報とは違うのでしょうか。

A 「匿名加工情報」とは、特定の個人を識別することができないように個人情報を加工し、その個人情報を復元できないようにした情報です（2条9項）。

　この規定が導入された背景には、情報通信技術の飛躍的な発展によりビックデータの活用がすすみ、ゆくゆくは、利用価値の高い個人に関する情報を積極的に活用したいという産業界のニーズがあります。例えば、ポイントカードの購買履歴や交通系ICカードの乗車履歴等を複数の事業者間で活用することや医療機関が保有する医療情報を活用した創薬・臨床分野の発展などが考えられています。

　しかし、ビッグデータには、個人の生活パターン、行動が把握できる履歴や思想信条に関する内容など秘匿性の高いものもあることから、取扱いによっては、個人の権利利益の侵害につながりかねません。そこで、今回の改正において、個人情報の利用促進とビッグデータの活用のために、匿名加工情報の制度が導入されました。

　匿名加工情報は、個人情報とは異なる新たな類型のものです。個人情報保護委員会は匿名加工情報の作成方法の基準を定め、本人の同意に代わる一定の条件のもとで個人に関する情報（パーソナルデータ）を自由に利活用することができるようにしました（「ガイドライン匿名加工情報編」、経済産業省の「事業者が匿名加工情報の具体的な作成方法を検討するにあたっての参考資料『匿名加工情報作成マニュアル』」参照）。

III 定義等

Q23 匿名加工情報の判別

匿名加工情報に当たるか否かの判断はどのように行えばよいでしょうか。

A

　匿名加工情報は、個人情報を加工して、①特定の個人を識別することができないこと、②その個人情報を復元できないことの二つの要件を満たすものです。

　この二つの要件該当性は、通常の技術等では特定の個人を識別することができないこと、元の個人情報に復元することができない程度であることでよく、あらゆる手法によってすべての可能性を排除することまでを求めるものではありません。

　そのため、匿名加工情報について、高度な技術によって特定や復元がなされ、不適正な取扱いがなされることにより、個人の権利利益が侵害されることを防止するために、匿名加工情報取扱事業者に関する規律が設けられています（36条〜39条）。

Ⅲ 定義等

Q24 匿名加工情報の取扱い

匿名加工情報を作成する場合に必要な取扱いはどのようなものでしょうか。

A

匿名加工情報を作成する場合には、以下の取扱いが必要とされています。

①適正加工義務（36条1項）

匿名加工情報の加工基準は、個人情報保護委員会規則（以下「規則」という）によってその基準が定められています。

②加工方法に関する情報等の安全措置義務（36条2項）

加工に関する情報が外部に漏えいしないよう、事業者は安全管理措置を講じなければなりません。具体的には、情報を取り扱う端末のセキュリティ対策、個人情報の種類・取扱いの態様に即したアクセス権限の付与基準等の策定、職員に対する教育、監督などが挙げられます。

③作成した匿名加工情報に関する公表義務（36条3項）

匿名加工情報については、作成の元となった個人情報から識別される個人の同意や開示請求権などの制度がありません。そこで、事業者は匿名加工情報を作成する際に、匿名加工情報の項目（年代、購買履歴の商品名、販売時間帯等）を公表することとされています。本人が公表された内容を確認することによって、匿名加工情報が作成されているか、適切な加工がなされているかについて確認することができるからです。公表は、インターネットその他の適切な方法で行うとされています（規則21条1項）。

④識別行為の禁止（36条5項）

　匿名加工情報を作成した事業者自身がその匿名加工情報を利用する場合であっても、その元となった個人情報の本人を識別する目的をもって、匿名加工情報を他の情報と照合すること（識別行為）を禁止しています。

　他方、当該匿名加工情報を個人と関係のない情報や、複数の匿名加工情報とともに分析することは、禁止されていません。

　なお、例えば、匿名加工情報を作成した事業者が、その情報からは個人を特定できないようにしたとしても、加工前後の情報に共通のＩＤを付して連携等ができるようにして本人を識別した状態で情報を取り扱う場合には、「匿名加工情報」とはいえず、「個人情報」に当たります。したがって、事業者は、個人情報の取扱いについての法的義務を守らなければなりません。

⑤匿名加工情報に関する苦情処理

⑥匿名加工情報の安全管理措置義務およびその公表（努力義務）

Q25 匿名加工情報の作成方法

匿名加工情報の作成方法はどのようなものでしょうか。

A

匿名加工情報を作成するときは、規則で定める基準に従って作成しなければなりません（36条1項、2項、規則19条、20条）。

規則は、以下のとおり最低限のルールを定めていますが、詳細は、事業者が提供するサービス、取り扱う個人情報・匿名加工情報の内容、実態に応じて定めることとされ、自主的なルールに委ねられています。経済産業省からマニュアルが公表されていますのでご参照ください。

①特定の個人を識別することができる記述等の全部または一部の削除（置換を含む）。

②個人識別符号の全部の削除。

③個人情報と他の情報とを連結する符号の削除。

例えば、委託先に交付するために分割したデータとひもづけるIDを削除すること。

④特異な記述等の削除（置換を含む）。

例えば、年齢や症例数の極めて少ない病歴など、その情報の本人をよく知る人物や地域その他の情報を複数あわせることによって、比較的簡単に本人を割り出すことが可能な記述等。具体的には、年齢「116歳」を「90歳以上」に置き換えるなど。

⑤その他個人情報とデータベース内の他の個人情報との差異等の性質を勘案し、適切な措置を講じること。

III 定義等

Q26 匿名加工情報の利用

匿名加工情報の利用に関するルールはどのようなものでしょうか。

1 第三者への提供

　匿名加工情報を第三者に提供する場合、提供しようとする匿名加工情報に含まれる個人に関する情報の項目と提供の方法を公表すること、提供先となる第三者に対して、提供する情報が匿名加工情報であることを明示することが必要です（36条4項）。

　また、他の事業者が作成した匿名加工情報をさらに加工（二次加工）して、別の第三者に提供しようとする事業者も、これらの事項について公表および明示の義務を負います（37条）。

　匿名加工情報を第三者に提供する場合には、作成の元となった個人の同意を得る必要はありません。

2 匿名加工情報を受領した事業者の義務

　匿名加工情報を受領した事業者は、本人を識別するための照合が禁止されるとともに、その加工方法に関する情報を取得することも禁止されています（38条）。

Ⅰ 個人情報保護法とは

Ⅱ 社会福祉関係事業者の責務と対応

Ⅲ 定義等

Ⅳ 個人情報の取扱い（取得・利用・提供）

Ⅴ 安全管理措置

Ⅵ 問い合わせ対応

資料編

IV 個人情報の取扱い（取得・利用・提供）
1. 利用目的の特定等、目的外利用の禁止

Q27 利用目的の特定

個人情報の利用目的は、どの程度特定すればよいのですか。

A

　個人情報取扱事業者は、個人情報を取り扱うにあたって、利用目的をできる限り特定しなければなりません（15条1項）。

　この規定は、利用目的を特定することにより個人情報取扱事業者が個人情報を利用できる範囲を限定し、これにより個人情報の主体である本人が予期していなかった個人情報の利用を防ぐために設けられました。

　したがって、一般的・抽象的な利用目的を設けたとしても、「できる限り特定」したとはいえません。本人が最終的にどのように利用されるかがわかるような明確な内容とし、本人が利用される範囲を合理的に予測できる程度に具体的に特定することが望ましいとされています。

　なお、介護関係事業者における利用目的の特定の仕方の具体例については、ガイダンス別表1をご参照ください。

個人情報の取扱い（取得・利用・提供）
1. 利用目的の特定等、目的外利用の禁止

Q28 目的外利用の禁止

個人情報を取り扱う場合、利用目的による制限はありますか。

A

1 目的外利用の原則禁止

　法は、「個人情報取扱事業者は、あらかじめ本人の同意を得ないで、前条の規定により特定された利用目的の達成に必要な範囲を超えて、個人情報を取り扱ってはならない」と規定しています（16条１項）。

　制限される「取扱い」には、個人情報の「収集（取得）」と「利用」（提供も含まれる）の両方が含まれます。「あらかじめ」とは、取得、利用する以前にという意味です。

　本人の同意を得るために個人情報を利用すること（例えば、連絡先を利用して本人に電話連絡する等）や個人情報を匿名化するために個人情報に加工を行うことは差し支えありません。

2 本人の同意が必要とされない場合

　次の場合には、あらかじめ本人の同意を得る必要はないものとされています（16条３項１号、４号）。
　①「法令に基づく場合」
　　　社会福祉法や医療法に基づく立入検査、介護保険法に基づく不正受給者に係る市町村への通知、児童虐待防止法に基づく児童虐待等の通告等、刑事訴訟法に基づく令状による捜査や捜査に必要な取り調べ等、法令に基づいて個人情報を利用する場合。

ガイダンスには、介護関係事業者の通常の業務で想定される主な事例が挙げられています（ガイダンス別表3参照）。

② 「人の生命、身体又は財産の保護のために必要がある場合であって、本人の同意を得ることが困難であるとき。」

　　例えば、重度の認知症の高齢者の状況を家族等に説明する場合、大規模災害等で家族等からの問い合わせに迅速に対応するために、本人の同意を得るための作業を行うことが著しく不合理である場合がこれに当たります。

③ 「公衆衛生の向上又は児童の健全な育成の推進のために特に必要がある場合であって、本人の同意を得ることが困難であるとき。」

　　例えば、児童虐待事例についての関係機関との情報交換等がこれに当たります。

④ 「国の機関若しくは地方公共団体又はその委託を受けた者が法令の定める事務を遂行することに対して協力する必要がある場合であって、本人の同意を得ることにより当該事務の遂行に支障を及ぼすおそれがあるとき。」

　　例えば、災害発生時に警察が負傷者の住所、氏名、傷の程度などを照会する場合など、公共の安全と秩序維持の観点から照会する場合がこれに当たります。

個人情報の取扱い（取得・利用・提供）
1. 利用目的の特定等、目的外利用の禁止

Q29 利用目的の通知と公表

個人情報を取得する場合に利用目的を本人に認識させる方法としては、どのようなものがありますか。また、社会福祉関係事業者において留意すべき点はありますか。

1 利用目的の通知の必要性

　個人情報の利用目的は、事業者内部で特定されているだけでは十分ではなく、本人が認識できる状態におく必要があります。

　法は、あらかじめ利用目的が公表されていない場合には、個人情報を取得後に、速やかに本人に通知または公表しなければならないと規定しています（18条1項）。

　また、契約締結にともない契約書等の書面に記載された個人情報を取得する場合や、書面に記載された個人情報を本人から直接取得する場合には、あらかじめ本人に利用目的を明示しなければなりません（18条2項。例外的に人の生命、身体または財産の保護のために緊急に必要がある場合は除外されます）。例えば、サービス利用契約を締結する際に、利用契約書への記入により申込者の個人情報を取得する場合などがこれに当たります。実務上は、契約書や重要事項説明書等に利用目的を記載しておき、該当部分を本人に示しながらその内容を説明したうえで当該契約を締結する方法が適切かつ効率的です。

　公表、通知、明示が不要な場合については、本書Q30をご参照ください。

2 「通知」「公表」「明示」の意味と具体的な方法

(1)「通知」とは、本人に直接知らせることをいいます。口頭、文書の交付、電子メール、文書の郵送等です。

(2)「公表」とは、不特定多数の人々が知ることができるよう発表することをいいます。具体的には、ウェブサイトへの掲載、事業所内のポスター掲示、パンフレットの備置等があります。

　ガイダンスでは、公表方法について、事業所内や施設内の掲示とともに、「可能な場合にはホームページへの掲載等の方法により、なるべく広く公表する必要がある」としています（ガイダンスⅢ2【法の規定により遵守すべき事項等】参照）。

(3)「明示」とは、本人に対して明確に示すことをいいます。例えば、利用目的を明示した契約書その他の書面の手渡しや郵送などです。

　前述したとおり、書面等により本人から直接個人情報を取得する場合に、本人への利用目的の「明示」が必要とされます。事業者が利用希望者との間で利用契約を締結する場合、あらかじめ、その希望者に対して利用目的を明示しなければなりません。

3 社会福祉関係事業者における留意点

　社会福祉関係事業者が提供するサービスの利用者の理解力は千差万別です。特に、介護関係事業者には医療関係事業者とともに、他の分野よりも、利用者の個人情報の保護が強く求められています。このため、サービス利用者に対して、個人情報の利用目的をわかりやすく説明することが求められます。利用目的の公表においては、以下の点について配慮してください（ガイダンスⅢ2【その他の事項】参照）。

①事業所や施設内に利用目的を掲示する場合、受付の近くなどに利用目的とその内容の説明を表示するとともに、文字を大きくする等読みやすくなるような工夫をするとよいでしょう。そして、受付時やサービス利用開始時に、利用目的の掲示について注意を促

してください。

②利用者に対しては、受付時、サービス利用開始時、入所時において、個人情報の利用目的について説明を行ってください。

さらに、最初の説明だけでは、個人情報について十分に理解することが難しい利用者がいることも想定されますので、利用者が落ち着いた時期に改めて説明を行ったり、療養生活の手引き、訪問介護計画などのサービス提供計画に個人情報に関する取扱いを記載するなど、利用者が個人情報の利用目的を十分に理解できるよう配慮してください（ガイダンスⅢ2【その他の事項】参照）。

③本人や代理人、家族の希望がある場合には、詳しい説明や利用目的の内容を記載した書面を交付してください。

Ⅳ 個人情報の取扱い（取得・利用・提供）
1. 利用目的の特定等、目的外利用の禁止

Q30 利用目的の通知と公表に関する例外

個人情報を取得する場合に、利用目的の本人への通知や明示、公表が必要とされないのはどのような場合でしょうか。

A

1 例外事由その1

　個人情報を取得する際に利用目的の本人への通知や明示、公表が必要とされない場合は以下のとおりです。
①あらかじめ利用目的が公表されている場合
　利用目的があらかじめ公表されている場合を除き、事業者は本人に対して速やかに通知するか、公表をしなければなりません（18条1項）。また、本人から書面等により個人情報を取得する場合には、あらかじめ本人に利用目的を明示することが必要です（18条2項）。ただし、人の生命、身体等を保護するため緊急に必要がある場合には、この明示は不要とされています。
②情報提供者からみて提供する個人情報の利用目的が明らかな場合
　法は、「取得の状況からみて利用目的が明らかであると認められる場合」には、利用目的の通知または公表、明示は不要としています（18条4項4号）。
　ただしガイダンスでは、こうした場合であっても、本人に利用目的をわかりやすく示す観点から、これらの利用目的についても他の利用目的とあわせて公表することを求めています（Ⅲ2【その他の事項】参照）。

さらにガイダンスでは、「利用目的が明らか」な事項の具体例を挙げた上で、次のような取扱い（公表等の措置）を求めています（Ⅲ2【法の規定により遵守すべき事項等】、Ⅲ1（1）、別表2参照）。
・介護関係事業者が介護サービスを希望する利用者から個人情報を取得する場合、当該個人情報を利用者に対する介護サービスの提供、介護保険事務、入退所等の施設管理などで利用することは利用者にとって明らかと考えられる。
・これら以外で個人情報を利用する場合は、利用者にとって必ずしも明らかな利用目的とはいえない。この場合は、個人情報を取得するに当たって明確に当該利用目的の公表等の措置が講じられなければならない。
・介護関係事業者の通常の業務で想定される利用目的は別表2に例示される。介護関係事業者は、これらを参考として、自らの業務に照らして通常必要とされるものを特定して公表（施設内掲示等）しなければならない。

2　例外事由その2

　通知や公表を行うことが不適切な以下の場合、利用目的の本人への通知または公表をする義務はありません（18条4項1号〜3号）。
①「利用目的を本人に通知し、又は公表することにより本人又は第三者の生命、身体、財産その他の権利利益を害するおそれがある場合」
②「利用目的を本人に通知し、又は公表することにより当該個人情報取扱事業者の権利又は正当な利益を害するおそれがある場合」
③「国の機関又は地方公共団体が法令の定める事務を遂行することに対して協力する必要がある場合であって、利用目的を本人に通知し、又は公表することにより当該事務の遂行に支障を及ぼすおそれがあるとき。」

Ⅳ 個人情報の取扱い（取得・利用・提供）
1. 利用目的の特定等、目的外利用の禁止

Q31 利用目的の追加、変更

当法人では公表している利用目的を変更したいのですが、どのような場合に変更できるのでしょうか。また、その手続はどのようなものですか。

1 利用目的の変更が認められる場合

旧法では利用目的の変更について、変更前の利用目的と「相当の関連性を有すると合理的に認められる範囲」を超えないことが必要とされていたことから、狭い範囲での変更しか認められないものと解釈されてきました。

しかし、ビッグデータの収集、分析が可能となり、事業者が取得当初の利用目的を変更して、個人情報を新しい事業やサービスで利用したいというニーズが高まっています。そこで改正法は、「相当の」を削除し、当初の利用目的と「関連性を有すると合理的に認められる範囲」において利用目的の変更が認められるものとされました（15条2項）。

利用目的の変更が可能であるかは、本人が通常予期し得る限度であるか否かが基準となります。

2 利用目的変更の手続

事業者が「関連性を有すると合理的に認められる範囲」で利用目的の変更を行った場合、変更された利用目的について本人への通知あるいは公表をしなければなりません（18条3項）。

他方、事業者が「関連性を有すると合理的に認められる範囲」を超えて利用目的を変更する場合には、変更された利用目的について、「あらかじめ」本人の同意を得ることが必要です。

　公表されている利用目的と、関連性を有すると合理的に認められる範囲を超えて、個人情報を利用した場合、15条2項違反となります。また、変更後に特定された利用目的の範囲が適正であっても、利用目的の変更または公表が適切になされていない場合にも、15条2項違反となります。

　個人情報保護委員会は、これらの違反行為について、事実関係を精査し、必要に応じて報告徴収および立入検査を行い、問題があれば勧告や命令を行うことができます。

IV 個人情報の取扱い（取得・利用・提供）
1. 利用目的の特定等、目的外利用の禁止

Q32 行政機関等に個人情報を提供する際の取扱い

都道府県による施設の立入検査において、検査官に利用者の個人情報を提供しますが、利用目的として定めていません。あらかじめ本人の同意は必要ですか。

A

この事例は、利用目的の範囲を超えた個人データの第三者提供に当たりますが、以下のとおり法に定められた例外事由に該当することから、あらかじめ本人の同意を得る必要はありません。

法には、目的外利用や第三者提供の場合において、本人の同意を不要とする例外事由が規定されており、その例外事由の一つに該当するからです。

例外事由は以下のとおりです。

①「法令に基づく場合」

②「人の生命、身体又は財産の保護のために必要がある場合であって、本人の同意を得ることが困難であるとき」

③「公衆衛生の向上又は児童の健全な育成の推進のために特に必要がある場合であって、本人の同意を得ることが困難であるとき」

④「国の機関若しくは地方公共団体又はその委託を受けた者が法令の定める事務を遂行することに対して協力する必要がある場合であって、本人の同意を得ることにより当該事務の遂行に支障を及ぼすおそれがあるとき」

社会福祉法人は、社会福祉法に基づく立入検査に応じ、検査官の質

問に回答する法的義務があります。立入検査に際して利用者等の個人データを検査官に提供する行為は、①「法令に基づく場合」に当たり、本人の同意は不要です。

　ガイダンスには、例外事由に当たる場合の例示があります（ガイダンス別表3参照）。

IV 個人情報の取扱い（取得・利用・提供）
1. 利用目的の特定等、目的外利用の禁止

Q33 判断能力が不十分な場合の本人の同意の取扱い

個人情報の取扱いにおいて本人の同意が必要とされる場合（目的外利用・第三者提供）、後見人等が付いていない知的障害者、精神障害者、児童からどのように同意を取得すればよいですか。

A

1 本人の同意の定義

「本人の同意」とは、「本人の個人情報が個人情報取扱事業者によって示された取扱方法で取り扱われることを承諾する旨の当該本人の意思表示」をいいます。

本人の同意の取得方法は、口頭での意思表示、書面の受領、メールの受信、確認欄へのチェック、ホームページ上のボタンのクリック、音声入力、タッチパネルへのタッチ、ボタンやスイッチ等による入力等があります。

2 判断能力が不十分な者の同意

同意したことにより生じる結果について、未成年者、成年被後見人、被保佐人および被補助人が判断できる能力を有していない場合には、親権者や法定代理人から同意を得る必要があります。

知的障害者、精神障害者等については、個々の判断能力によって異なる取扱いが必要です。

判断能力に欠ける重度の知的障害者、精神障害者の場合は、成年後見人等の法定代理人から同意を得るのが原則ですので、成年後見人を

選任するための手続をすすめる必要があります。

　しかし、法定代理人が選任されていない利用者について、緊急に診療や治療等が必要となり、個人データを医療機関に提供する必要が生じる場合があります。こうした場合は、「人の生命、身体又は財産の保護のために必要がある場合であって、本人の同意を得ることが困難であるとき」に該当するため、本人の同意を得ることなく医療機関に個人情報や個人データを提供してかまいません（16条3項2号、18条2項）。

　他方、意思が不安定で判断能力が不十分ではあるが、民法上の行為能力（事理弁識能力）に欠けるとまではいえない利用者については、個人情報保護法上、本人からの同意を取得することで問題はありません。ただし、行為能力の判別がつかない場合などにおいては、トラブル防止等の観点から、重要な事項については、あわせて家族の同意も取得しておくのが望ましいです。

3　未成年者の場合

　未成年者については、法定代理人から同意を取得します。ただし、一定の判断能力を有する未成年者については、法定代理人等の同意にあわせて、本人の同意も得るようにしてください。

IV 個人情報の取扱い（取得・利用・提供）
2. 適正な取得・管理

Q34 個人情報の取得方法

個人情報の取得方法を制限する規定はありますか。

1 適正な方法による取得

　法は、「偽りその他不正の手段」による個人情報の取得を禁止しており、適正な方法で取得しなければなりません（17条1項）。
　したがって、事業者名や利用目的を偽り、だまして個人情報を取得することや、犯罪行為により取得すること、強要して取得することも禁止されます。

2 子どもからの個人情報の取得

　家族の同意を得ることなく、十分な判断能力を有していない子どもから、家族の個人情報を取得することについては、不適正な方法による取得に当たりそうです。ガイダンスでは、「親の同意なく十分な判断能力のない子どもから家族の個人情報を取得してはならない」としています。
　しかし、例えば専門家が子どものケアやカウンセリングを行う際に、子どもからその家族についての情報を取得することは必要不可欠ですし、子どもの利益、子どもの福祉に合致します。
　この点について、ガイダンスにおいても、「当該子どもの診療上、家族等の個人情報の取得が必要な場合で、当該家族等から個人情報を取得することが困難な場合はこの限りでない」とされています（ガイダンスⅢ3【法の規定により遵守すべき事項等】参照）。

個人情報の取扱い（取得・利用・提供）
3. 利用・提供

Q35 「第三者提供」の範囲①

「第三者」にはどのような者が当たるのですか。同じ法人内の他の施設、業務委託先等、外部事業者への個人データの提供は「第三者」提供に当たりますか。

A

1 「第三者」の意味

法は、個人情報取扱事業者に対し、原則として、あらかじめ本人の同意を得ない個人データの第三者への提供を禁止しています（23条1項）。

ここでいう「第三者」とは、個人データに係る本人およびその個人データを取り扱う個人情報取扱事業者以外のすべての者（個人、法人、法人格のない団体）をさします。

同一事業者内での施設間の個人情報、個人データの利用、提供は「第三者」への提供に当たりません。

2 他の事業者への個人データの提供の場合

他の事業者への個人データの提供は、原則として、「第三者」への提供に当たります。

しかし、法により「第三者」に当たらないとされている場合があります（23条5項）。

①個人データの取扱いの全部または一部を委託する場合の委託先

例えば、検査等の業務の委託や、第三者評価機関、外部監査機関への評価・監査業務を委託する場合等は、「第三者」提供に当たら

ないため、法律上本人の同意は不要です。法は、個人情報取扱事業者に対して、委託先に対する指導・監督義務を課すことにより、個人情報の適正利用を確保しています（22条、本書Q53参照）。

　しかし、利用者にとっては、外部に情報が提供されるという意味で重大な利害関係を有します。そこで、ガイダンスにおいては、第三者提供について利用目的として公表等を行うことが求められています。また、業務委託の場合であっても、事業所内等への掲示、ホームページへの掲載により、情報提供先をできるだけ明らかにするとともに委託業務内容、委託先事業者名、委託先事業者との間での個人情報の取扱いに関する取り決めの内容等の公表をすること、本人等から問い合わせがあった場合には回答できる体制を確保することが望ましいとし、事業者等への情報公開を求めています（ガイダンスⅢ5【その他の事項】参照）。

②合併その他の事由による事業継承にともない個人データが提供される場合の承継先
③個人データを一定の手続のもとで、特定の者との間で共同利用する場合の当該特定の者（共同利用）

　共同利用は、ア〜オの事項をあらかじめ本人に通知、または本人が容易に知り得る状態にして共同利用することを明らかにしている場合には、第三者提供に当たらないとする制度です。詳しくは本書Q44を参照ください。

　　ア　共同利用をする旨
　　イ　共同利用される個人データの項目
　　ウ　共同利用者の範囲
　　エ　利用する者の利用目的
　　オ　当該個人データの管理について責任を有する者の氏名または名称

個人情報の取扱い（取得・利用・提供）
3. 利用・提供

Q36 「第三者提供」の範囲②

施設行事で利用者が宿泊するホテルに利用者の氏名、年齢等を記入した宿泊者リストを渡す場合、あらかじめ利用者の同意を取得する必要がありますか。

1　第三者提供の制限

個人データを第三者に提供する場合、原則として、あらかじめ（情報を提供する前に）、当該第三者に提供することについて本人の同意を取得することが必要です（23条）。

なお、あらかじめ第三者提供について本人の同意を取得した場合でも、その後本人から第三者提供の範囲の一部について同意を取り消すとの申し出があった場合、本人が同意した範囲に限定して取り扱うことが必要です（ガイダンスⅢ 5【法の規定により遵守すべき事項等】参照）。

2　目的外利用についての同意との関係

第三者提供も個人データの「利用」の一形態です。したがって、個人データの第三者提供があらかじめ利用目的として特定されていない場合、第三者提供が目的外利用となるため、本人の同意が必要となります（16条）。

実務上は、第三者提供についての同意（23条）を取得する際に、16条の同意もあわせて取得します。

なお、利用目的に個人データを特定の第三者に提供する旨（例えば、

「X施設に入所者の個人データを提供すること」）を定め、公表していたとしても、別の第三者に提供する場面においては（例えば、「Yホテルに入所者の個人データを提供する場合」）、改めて23条に基づく本人の同意が必要です。

3 設問への回答

　施設行事における宿泊先ホテルに対する宿泊者リストの提出は、個人データの第三者提供に当たります。したがって、リストを提出する前に利用者の同意を取得することが必要です。

　また、ホテルへの宿泊者リストの提出が目的外利用にも当たる場合、あわせて16条の同意を得ることになります。

　実務上は、施設行事への参加意向確認の際に、ホテルに対して氏名、年齢等の個人情報を提供する旨も説明して同意を得ておくとよいでしょう。

個人情報の取扱い（取得・利用・提供）
3. 利用・提供

Q37 「第三者提供」の範囲③

介護保険施設の入所者が退所して他の介護保険施設に移る際に、移動先の施設の要請に応じて、入所者の個人情報の提供を行う場合、あらかじめ本人の同意を取得する必要がありますか。

A

　このケースについては、個人データの第三者提供のルールが適用されます。しかし、そもそも、指定基準におけるルールが存在しているため指定基準にしたがって取り扱われます。

　すなわち、特別養護老人ホーム、介護老人保健施設および介護療養型医療施設については、「指定介護老人福祉施設の人員、設備及び運営に関する基準」などそれぞれの指定基準が定められており、「居宅介護支援事業者等に対して、入所者に関する情報を提供する際には、あらかじめ文書により入所者の同意を得ておかなければならない」とされています。

　したがって、移動先の施設から、利用者の心身の状況等の個人情報を求められた場合、指定基準に基づいて、あらかじめ文書により本人の同意を取得しなければなりません（Q&A「Q4-14」参照）。

IV 個人情報の取扱い（取得・利用・提供）
3. 利用・提供

Q38 「第三者提供」の範囲④

介護保険施設の利用者の通院介助の際に、職員が利用者に代わって患者カードや問診票に利用者の氏名、年齢、病歴、症状等の個人情報を記入したり、医師の問診に回答したりすることに問題はありませんか。

A

　個人データや要配慮個人情報の第三者提供については、利用目的に関するルールと第三者提供に関するルールが適用されます。すなわち、利用目的にこれらの行為が定められており、かつ、あらかじめ本人の同意を得ていることが必要です。

　まず、職員による患者カードへの代行記入や問診への回答が個人情報の利用目的に含まれていない場合には、利用目的の変更を行う（利用目的の変更は、従前の利用目的との合理的関連性がある場合に限定されます。詳しくは本書Q31参照）か、本人の同意を取得する必要があります（16条）。

　次に、個人データや要配慮個人情報の第三者提供について、あらかじめ本人の同意を得る必要があります。特に、要配慮個人情報に当たる病歴、病状を第三者提供する場合には、オプトアウト手続によることができないため（23条2項）、個別に本人の同意を取得しなければなりません。

　ただし、緊急の場合、利用者が意識不明の場合、判断能力が十分でない場合など、利用者の「生命、身体の保護のために必要がある場合であって、本人の同意を得ることが困難であるとき（一部抜粋）」に

は、利用目的として示されていない場合や、第三者提供についてあらかじめ本人の同意を取得していない場合であっても、改めて本人から同意を取得する必要はありません（16条3項2号、23条1項2号）。

　したがって、利用者が重度の認知症の高齢者の場合や、急病で意思表示が難しい場合などには、利用目的に含まれるか否か、第三者提供におけるあらかじめの同意が取得されているか否かにかかわらず、改めて本人の同意を取得することなく、施設の職員が、患者カードへの記入や問診への代行回答等を行い、医療機関に対して個人データや要配慮個人情報の提供を行うことができます。

IV 個人情報の取扱い（取得・利用・提供）
3. 利用・提供

Q39 「第三者提供」の範囲⑤

施設に入所している未成年者の非行行動について、本人から「親に知らせないでほしい」と言われた場合、本人の意思に従わなければなりませんか。

A

　法定代理人である保護者に未成年者の非行行為を連絡する場合には、あらかじめ未成年者本人の同意を得る必要はありません。

　未成年者の非行行動についての情報は「個人データ」であり、保護者に対する提供も「第三者提供」に当たりますが、「児童の健全な育成の推進のために特に必要がある場合であって、本人の同意を得ることが困難であるとき（一部抜粋）」（23条1項3号）であり、保護者への情報提供について未成年者本人の同意を得る必要はありません。

　実務上は、保護者への情報提供についてあらかじめ本人に説明するのか否か、どのような説明をするのか、といった点は、本人の状況、親子関係、説明を行うことによる本人への影響等を踏まえ、未成年者の健全な育成という社会福祉の観点から検討する必要があります。

個人情報の取扱い（取得・利用・提供）
3. 利用・提供

Q40 「第三者提供」の範囲⑥

老人福祉施設の利用者が「心配させたくないので家族に自分の病状を知らせないでほしい」と希望した場合、家族に病状を説明することはできますか。

1 家族等への病状等の説明

利用者の病状等を第三者に提供する場合、あらかじめ本人の同意を取得することを原則としています（23条1項）。

ガイダンスでは、利用者本人の同意を取得する場合、説明を行う対象者の範囲、説明の方法、時期等についてあらかじめ確認しておき、できる限り利用者本人の意思に配慮するよう勧めています。また、本人から申し出がある場合には、介護等の実施に支障のない範囲において、現実に利用者の世話をしている親族やこれに準ずる者を病状等の説明の対象者としたり、家族のうち特定の人に限定するなどの取扱いをすることができるものとされています（ガイダンスⅡ8参照）。

例外として法は、「人の生命、身体又は財産の保護のために必要がある場合であって、本人の同意を得ることが困難であるとき」には、本人の同意を取得することなく第三者に対して個人データを提供することを認めています（23条1項2号）。

例えば、意識不明の利用者の病状、重度の認知症の高齢者の状況を家族等に説明する場合には、本人の同意を取得する必要はありません。この場合、事業者は本人の家族等であることを確認したうえで、介護

の実施に必要な範囲で家族等に利用者の病状等を説明します。こうした場合でも、利用者の意識が回復した時点で速やかに、情報提供した事実とその内容、提供相手を本人に説明する必要があります。

2 設問への回答

　本件の場合、利用者本人の意思に従えば、家族に対して病状等を説明することはできません。

　しかし、利用者の生命、身体の保護のために必要があると判断される場合（例えば、緊急入院や手術が必要と判断される場合等）、利用者本人の同意が得られなくても家族に病状を説明することは可能です。こうした場合であっても、利用者に家族への病状等の説明が必要な理由を話すなどして、本人の同意を得る努力をするようにしてください。

個人情報の取扱い（取得・利用・提供）
3. 利用・提供

Q41 過去のケース記録や診療録の入手・提供

利用者に必要なサービスを提供するために、その利用者が過去に利用した事業所や医療機関から、ケース記録や診療録を入手することは可能でしょうか。提供を求められた事業所はどのように対応すべきですか。

1 本人の同意の必要性

　利用者に必要かつ適正な福祉サービスを提供するために、他の事業所や医療機関から過去のケース記録や診療録等の個人情報を取得することは、「偽りその他不正な手段」（17条1項）によるものとはいえず、取得する事業者には法令上の問題はありません。

　しかし、その利用者が利用していた情報提供者側の事業所等としては、利用者の個人データを別の事業者へ提供することは個人データの第三者提供に当たり、原則として、利用者本人の同意を得なければなりません（23条1項）。

　したがって、当該事業所等は、利用者の同意を得たうえでケース記録等を提供し、あるいは、当該事業所等が利用者にケース記録等を渡し、利用者がケース記録等を他の事業所等に提供することが必要です。

　ガイダンスは、過去のケース記録等の取得について、真に必要な範囲について、原則として本人から直接取得をするか、あるいは、第三者提供について本人の同意を得た者から取得することとしており、家族等第三者からの取得は、適切な医療・介護サービスの提供上やむを

87

得ない場合についてのみ認めています（ガイダンスⅢ3【法の規定により遵守すべき事項等】参照）。

2 在宅サービス利用者の情報の入手・提供

　在宅でサービスを受けていた利用者が施設を利用することになり、家庭での生活状況等の利用者に関する情報を家族から入手する場合、ケアマネジャーから利用者に関する個人情報が記載された記録の提供を受ける場合にも、同様の取扱いを行う必要があります。

個人情報の取扱い（取得・利用・提供）
3. 利用・提供

Q42 第三者提供における本人同意の例外

個人データを第三者に提供する場合に、あらかじめ本人の同意を取得する必要がない場合はありますか。

A
　法は、個人データの「第三者」提供について、本人の同意が不要とされる例外事由を定めています（23条1項各号、2項）。こうした場合、第三者に提供する情報を本来必要とされる範囲に限定し、不必要な事項まで提供しないようにしなければなりません。

①「法令に基づく場合」
　例えば、社会福祉法に基づく立入検査等の際に検査官に個人情報を提供する場合や、児童虐待防止法に基づき児童虐待に係る通告を行う場合等がこれに当たります。

②「人の生命、身体又は財産の保護のために必要がある場合であって、本人の同意を得ることが困難であるとき」
　ここでいう、「本人の同意を得ることが困難であるとき」とは、本人に同意を求めても同意しない場合（個人データの第三者提供が本人の権利利益を不当に侵害するものではないが、本人に都合の悪い情報で本人が第三者に提供することに同意しない場合）や、本人に同意を求める手続を経るまでもなく本人の同意を得ることができない場合も含まれます。
　例えば、急病の際に医師に状況説明をする場合、重度の認知症の高齢者の状況を家族等に説明する場合、高齢者虐待事例の解決のた

めに市町村、担当ケアマネジャー、介護サービス事業者における情報共有などがこれに当たります。

③「公衆衛生の向上又は児童の健全な育成の推進のために特に必要がある場合であって、本人の同意を得ることが困難であるとき」

　例えば、児童虐待事例について関係機関と情報共有する場合などがこれに当たります。

④「国の機関若しくは地方公共団体又はその委託を受けた者が法令の定める事務を遂行することに対して協力する必要がある場合であって、本人の同意を得ることにより当該事務の遂行に支障を及ぼすおそれがあるとき」

　例えば、災害発生時に警察による負傷者の住所、氏名等について照会に応じる場合、税務署や労働基準監督署等からの照会に応じる場合などがこれに当たります。

⑤いわゆるオプトアウト手続に従う場合（23条2項）

　本人の求めにより、原則として提供停止（オプトアウト）することとしている場合をいいます。詳しくは、本書Q43をご参照ください。

個人情報の取扱い（取得・利用・提供）
3. 利用・提供

Q43 オプトアウトとは

いわゆるオプトアウト手続による第三者への提供とは、どのようなものですか。

A

1 オプトアウトの定義

個人データの第三者への提供は、原則としてあらかじめ本人の同意を取得することが必要とされています（23条1項）。しかし、個人データの活用の観点から、本人の同意の特例として、オプトアウト手続の制度が設けられています（23条2項）。

なお、要配慮個人情報は、オプトアウト手続による提供はできず、原則どおり、あらかじめ本人の同意を取得することが必要です。

2 オプトアウト手続の内容

オプトアウト手続は、①次のア〜オの事項について、あらかじめ本人に「通知し、又は本人が容易に知り得る状態」におくこと、および、②事前に、本人に通知等を行う事項を個人情報保護委員会に届出をすることが必要です。

　ア「第三者への提供を利用目的とすること」
　イ「第三者に提供される個人データの項目」
　　例えば、氏名、住所、電話番号、購入履歴等、事業者に提供される個人データの種類をさす。
　ウ「第三者への提供の方法」

例えば、書籍として出版、インターネットに掲載、オンラインで提供、プリントアウトして他の施設関係者に手渡しする等の提供方法をさす。
エ「本人の求めに応じて当該本人が識別される個人データの第三者への提供を停止すること」
オ「本人の求めを受け付ける方法」
例えば、電話、メール、ホームページにおける指定フォームへの入力、書面、窓口での応対等具体的な方法をさす。）

3　オプトアウト手続の具体的方法

今回の改正では、①の「通知又は本人が容易に知り得る状態」の具体的な方法が規則に定められました。

「容易に知り得る状態」とは、事業所の窓口等への掲示、備え付けやホームページへの掲載、その他の継続的方法により、本人が知ろうとすれば、時間的にも、その手段においても、簡単に知ることができる状態をいう、と定められています（規則7条1項2号）。

具体例として、事業者のホームページへの掲載について、「本人がわかりやすい場所（トップページから1回程度の操作で到達できる場所等）に法で定められた事項をわかりやすく継続的に掲載する場合」、「本人が来訪することが合理的に予測される事務所の窓口等への掲示、備え付け等が継続的に行われている場合」等が挙げられています（「ガイドライン通則編」49頁）。

さらに、②の手続が定められ、個人情報保護委員会が届出書をホームページ等に公表することになったので、本人はこれを確認して、提供停止を求めやすくなりました。

また、「ガイドライン通則編」46～47頁においては、事業者は個人情報保護委員会に届け出をした際に、その内容を自らインターネットの利用その他の適切な方法により公表するものとする、とされています。

個人情報の取扱い(取得・利用・提供)
3. 利用・提供

Q44 個人データの共同利用

個人データの共同利用とはどのような制度ですか。すでに他の事業者と共同利用している個人データを改正法の施行後も共同利用する場合、どのような手続が必要ですか。

A

　法は、外形的には第三者に該当するものの、一定の手続を経た複数の事業者の共同利用については、提供を受ける者を「第三者」に当たらないこととし、本人の同意を取得する必要はないとする「共同利用」の制度を設けています（23条5項3号）。

　すなわち、個人データを特定の者との間で共同利用する場合であって、①共同利用をする旨、②共同利用される個人データの項目、③共同利用する者の範囲、④利用の目的、⑤当該個人データの管理責任者の氏名または名称を、あらかじめ、本人に通知または本人が容易に知り得る状態に置いている場合をいいます。

　③の共同利用者の範囲は、個別に列挙する必要はありませんが、本人から見てその範囲が明確となるよう特定する必要があります。

　また、②③については、原則として変更は認められません。ただし、あらかじめ本人の同意を取得した場合、事業者の名称に変更はあるが共同利用される個人データの項目には変更がない場合、事業継承が行われたが共同利用される個人データの項目等の変更がない場合については、引き続き共同利用を行うことができます。④⑤については、社会通念上、本人が通常予期し得る限度と客観的に認められる範囲内で変更することができますが、変更前に本人への通知または本人が容易

に知り得る状態におくことが必要です。
　共同利用は、複数の社会福祉関係事業者が共同して個人情報、個人データを集計・研究し、利用者に対する福祉サービスの品質向上に役立てるために利用する場合や、グループの社会福祉関係事業者と医療機関とが共同利用する場合等が考えられます。またグループ事業者間で頻繁に個人データのやりとりをしているような場合にもこの制度が利用されています。

個人情報の取扱い（取得・利用・提供）
3. 利用・提供

Q45 外国の第三者への提供

改正法において、外国の第三者に対する個人データの提供に関する規定が新たに設けられましたが、どのような背景があるのですか。また、その内容はどのようなものですか。

1 背景

旧法では、外国の第三者に対する個人データの提供についてのルールは明確に定められていませんでした。

しかし、企業活動のグローバル化にともない、個人データの外国とのやりとりが急増し、一定のルールを設ける必要に迫られたこと、EUから「十分性認定」（Q16）を得るために外国への個人データの提供についてのルールを設ける必要があったこと等から、改正法に「外国にある第三者」に対する個人データの提供についての規定を設けることとなりました。

2 「外国にある第三者」の定義

「外国にある第三者」とは、個人データの提供者と当該個人データの本人以外の者であり、かつ、外国に所在する者です。法人も含まれ、個人データの提供者と別の法人格を有するか否かで判断されます。

例えば、日本企業が外国の法人格を取得している現地子会社や、系列の企業グループである外国企業、日本と業務委託契約を締結した外国法人等がこれに当たります。他方、日本企業の外国支店、現地駐在

所は、日本企業と法人格が同じであるため、「外国にある第三者」に当たりません。

3 具体的なルール

具体的なルールは以下のとおりです。詳細は、「ガイドライン外国第三者提供編」をご参照ください。

①23条1項に規定する例外事由に該当する場合を除き、外国にある第三者に対して個人データを提供する場合には、あらかじめ本人の同意を取得しなければならない。

②23条1項に規定する例外事由に該当する場合を除き、外国にある第三者に対する個人データの提供については、オプトアウトの手続や、業務委託、共同利用等本人の同意を必要とされていない形で行うことはできない。

③「外国にある第三者」からは以下が除外される。

ア 「外国」からは、日本と同等の水準にあると認められる個人情報保護制度を有している国を除外する。

この「同等の水準」の具体的内容は規則で定められますが、現時点で規則で定められている国はありません。

イ 「第三者」からは、法に基づき事業者が講ずべきこととされている措置に相当する措置を継続的に講じるために必要な体制を整備している者を除外する。

どのような体制の整備が求められるかについては、規則で定められています。

個人情報の取扱い（取得・利用・提供）
3. 利用・提供

Q46 第三者提供に係るトレーサビリティ制度

今回の改正で設けられた、個人データの第三者提供の場面におけるトレーサビリティ制度とは、どのようなものですか。

1 トレーサビリティ制度の趣旨

　今回の改正で、個人データを第三者に提供する場合およびこれを受ける場合、事業者に以下の事項についての確認義務、記録の作成・保存義務を定めました（トレーサビリティ制度。26条）。トレーサビリティ制度は、近年発生した大規模な個人情報漏えい事件において、名簿事業者を介して違法に入手した個人データが流出している実態が明らかとなったことを受けて、違法行為が行われたのがどの段階かを具体的に検証できるように設けられました。

2 トレーサビリティ制度の具体的内容

　個人データを第三者に提供する事業者は、提供した年月日、提供先の氏名等に関する記録の作成、保存が義務づけられました（25条・26条3項4項）。
　第三者から個人データを入手する事業者は、提供者の氏名、住所および取得の経緯等を確認し、提供を受けた年月日、確認に係る事項等を記録し、一定期間、記録を保存することが義務づけられました（26条1項）。この個人データ入手時の確認義務により、不正の手段によって入手、または流出した個人情報が流通することを防止しようとして

います。

　この確認において、個人データを提供する事業者の不正取得を認識したにもかかわらず、その個人データを取得した場合、取得者は17条違反となります。

　「取得の経緯」の確認としては、それぞれの提供者が自身の取得の経緯を報告することでたります。取得の住所の確認の具体的内容は、主として、①取得先の別（顧客としての本人、職員としての本人、他の事業者、家族等私人、公開情報等）、②取得行為の態様（本人から直接取得したか、有償で取得したか、公開情報から取得したか、紹介による取得か、私人として取得したか等）、とされています。確認方法の詳細は規則で定められています。

　詳細は、「ガイドライン第三者提供編」をご参照ください。

　また、こうした個人データを第三者提供する側と取得する側の双方に記録の作成・保存を義務づけることにより、個人情報の流通についてのトレーサビリティの確保を図っています。個人情報が不正に流通した場合、個人情報保護委員会が事業者に対して報告徴収や立入検査を行う、作成、保存された記録の検査によって、漏えい元や流通先を特定することが容易になります。

個人情報の取扱い（取得・利用・提供）
3. 利用・提供

Q47 確認・記録の作成・保存義務

どのような場合にトレーサビリティ制度上の確認・記録の作成・保存義務を負うのですか。

A　トレーサビリティ制度上の義務を負うのは、「個人データ」を第三者に提供または受領する場合です。個人データとは、個人データベース等を構成する個人情報のことで、体系的に整理された名簿や顧客管理用のデータベースを構成する個人情報をいいます。個人データ一つひとつの提供または受領について、これらの義務を負うほか、個人データベース等そのものを提供し、または受領する場合もこれらの義務を負います。

　これに対して、体系的に整理されていない名刺の個人情報を第三者に対して提供または受領する場合には、トレーサビリティ制度上の確認や記録の作成・保存は必要ではありません。

　なお、事業者は、個人から「個人データ」を受領した場合にも、これらの義務を負います。

　また、個人データの第三者への提供が、23条1項各号の要件を満たす場合（法令に基づく場合など）については確認・記録の作成・保存義務を負いません。また、委託や共同利用などの23条5項の要件を満たす場合にも、それらの義務を負いません。

　詳しくは、ガイダンスⅢ7、「ガイドライン第三者提供編」をご参照ください。

IV 個人情報の取扱い（取得・利用・提供）
3. 利用・提供

Q48 個人データの保存、廃棄

個人データの保存や不要となった個人データの取扱いについて注意すべき事項はありますか。

A

　個人情報保護法には、個人情報の保管義務や保管期間についての規定はありません。管理の手間やコスト、保有にともなう漏えいリスクを踏まえれば、不要となった情報は早期に廃棄することが適切です。

　廃棄については、次のような対応が求められます。

① 保管期間、廃棄基準、廃棄の方法、廃棄の記録の作成等廃棄に関するルールを定める。

・保管期間、廃棄基準

　社会福祉法人には、社会福祉法に基づくサービス利用者についての記録の保管義務等、他の法令にもとづく保管義務のある情報が多数あります。また、経理に関する記録や会計記録などについても他の法令上の保管義務が課されています。こうした法令上保管義務を負う期間、サービス提供のための有用性などを踏まえ、情報の種類によって、あらかじめ保管期間を定めておく必要があります。

・廃棄方法

　情報漏えいを防止するために、紙媒体の場合にはシュレッダーにかけて焼却処分を行う、電子データ等の場合には記録媒体を破壊する、消去用ソフトによる完全な消去を行い復元不可能な状態にすることが必要です。

- 廃棄の記録の作成
情報の滅失、毀損との誤解を招かないようにする必要があります。
② 廃棄作業における注意事項
- 当該情報が保管期間を経過しているかを確認する。
- 当該情報のバックアップデータ、コピーや委託先に提供されたデータも廃棄されたかについて確認する。
- 廃棄時に漏えいが起こらないようにする。

Ⅴ 安全管理措置

Ⅰ 個人情報保護法とは

Ⅱ 社会福祉関係事業者の責務と対応

Ⅲ 定義等

Ⅳ 個人情報の取扱い（取得・利用・提供）

Ⅵ 問い合わせ対応

資料編

V 安全管理措置
1. 管理

Q49 個人データの更新・消去

個人データを更新したり消去したりする義務があるのですか。

A

　法は個人情報取扱事業者に対し、利用目的の達成に必要な範囲で、個人データを正確かつ最新の内容に保ち、利用する必要がなくなった際には、遅滞なく、当該個人データを消去するように努めなければならないとしています（19条）。

　事業者は、個人データの内容が不正確であることがわかった場合、速やかに訂正することが望まれます。

　不要になった個人データの消去については、本書Q48を参照ください。

　ガイダンスにおいて、具体的なルールを策定することが推奨されています（ガイダンスⅢ3【その他の事項】、Ⅲ4（2）②参照）。

Q50 安全管理措置と監督義務

個人情報の取扱いにあたり、情報漏えい、毀損(きそん)等を防止するためにどのような措置を取ればよいですか。

1 安全管理措置と職員および委託先の監督義務

法は、個人情報取扱事業者に対し、「個人データの漏えい、滅失又は毀損の防止その他の個人データの安全管理のために必要かつ適切な措置を講じなければならない」（20条）としています。そして、安全管理措置を遵守させるために、職員に対する「必要かつ適切な監督」を行う義務（21条）と、個人データの委託先に対する「必要かつ適切な監督」の義務（22条）を課しています。これらの定めは旧法からの変更はありません。

2 安全管理措置についての基本的な考え方

個人データの漏えい等によって本人が被る権利利益の侵害の大きさを考慮し、事業の性質および個人データの取扱状況等に起因するリスクに応じた必要かつ適切な措置を講じること、個人データの記録媒体の性質に応じた安全管理措置を講じることが必要です。

社会福祉関係事業者は、利用者やその家族について他人が容易に知り得ない詳細な個人情報を多数保有しています。これらの個人情報が漏えいするなどすれば利用者に大きな精神的苦痛を与えることになり、その被害回復は非常に困難です。特に介護関係事業者については、安

全管理のための格別の措置が必要であるとされています。こうした点を十分認識したうえで安全管理措置を講じる必要があります。

3　4つの安全管理措置

1. ガイダンスは、組織的、人的、物理的、技術的と4つの観点で安全管理措置を講じなければならないとしています。

   事業者によって規模、施設数、職員数、利用者数、サービスの内容、業務プロセス等が異なるため、ガイダンスを参考に、事業者の実態に即した実効的な安全管理措置を講じることが重要です。

   ①「組織的安全管理措置」

   安全管理規程、手順書を整備し、実施状況のモニタリング等、組織の管理体制を定める。

   組織の管理体制の内容については、例えば以下のような項目である（「ガイドライン通則編」8（別添）講ずべき安全管理措置の内容参照）。

   ア　管理者、監督者をおくこと（個人情報保護法に関する十分な知識を有する者であること）

   イ　介護事業者については、個人情報保護を推進するための委員会や部署の設置

   ウ　管理者、監督者は、規程、マニュアル等の遵守状況についての管理・監督

   エ　定期的な自己評価と見直し・改善の実施

   オ　漏えい等の発生またはその可能性が高い場合、規程違反の発生またはその可能性が高い場合の管理者等への報告連絡体制の整備

   カ　苦情対応体制との連携

   ②「人的安全管理措置」

    ア　職員との秘密保持契約の締結、教育・訓練の実施
    イ　雇用契約時における個人情報保護に係る規定の整備
    ウ　職員の個人情報保護に関する規程の整備及び関係各法における守秘義務遵守の徹底

③「物理的安全管理措置」
　　ア　入退室管理、個人データの盗難防止措置等設備面での措置
　　イ　入退館（室）管理の実施・盗難等に対する予防対策の実施、機器、装置等の固定等による物理的保護

④「技術的安全管理措置」
　　情報システムへのアクセス制御、不正ソフトウェア対策、システム監査等
　　ア　個人データを取り扱う情報システムについての技術的安全管理措置
　　　・アクセス管理（ID・パスワード等による認証、各職員の業務内容に応じ業務上必要な範囲にのみアクセス可能とするシステム、アクセスの必要のない職員がアクセスできないシステムの採用）、アクセス記録の保存。
　　　・ファイアウォールの設置。
　　イ　個人データの保存
　　　・長期保存の場合、保存媒体の劣化等により個人データが消失しないよう適切に保存。
　　ウ　不要となった個人データの廃棄、消去
　　　・保存するデータと廃棄、消去するデータと区別し、不要なものは廃棄。
　　　・保存媒体に記録された個人データを廃棄する場合、焼却や溶解など復元不可能な状態にして廃棄。個人データを取り扱った情報機器を廃棄する場合、記憶装置内の個人データ

を復元不可能な状態にすること。
・廃棄業務を委託する場合、個人データの取扱いについても委託契約で明確に定め、委託先が実際に廃棄したことを確認する。

4　モニタリング・外部の検証

　ガイダンスでは、安全管理措置に関する取り組みの一層の推進のため、定期的なモニタリング、外部機関による検証を受けて改善を図ることも求めています。

　運用開始後は策定した体制やルールの法令適合性、実態への適合性、職員のルール理解度等の観点から検証し、これにより把握した不適切な点や不十分な部分を改善しなければなりません。

　その後も、モニタリングを実施して運用状況をチェックし、これを改善に活かすというサイクルを個人情報管理体制に組み込み、実効性を高めることが肝要です。

安全管理措置
1. 管理

Q51 職員に対する監督義務の具体的内容

事業者が個人データの安全管理のために監督義務を負う「職員」の範囲、「必要かつ適切な監督」の具体的内容はどのようなものですか。また、ボランティア、実習生、研修生に対する監督において留意すべき点は何でしょうか。

1 職員の範囲

「職員」とは、事業者と雇用関係にある者だけではなく、事業者の指揮命令を受けて業務に従事する者すべてをさします（ガイダンスⅢ4（1）②）。したがって、正規職員だけではなく、役員である理事、非正規職員、嘱託職員、派遣労働者、アルバイト、パート、さらにボランティア、実習生、研修生なども含まれます。

これは、個人情報取扱事業者に対して、個人情報に接する機会のあるすべての者を監督する義務を負わせ、個人情報の適切な取扱いの推進および漏えい等の防止を図るためです（介護関係事業者については、介護保険法に基づく各種指定基準等に職員の監督義務が規定されています）。

2 必要かつ適切な監督の内容

法の定める「必要かつ適切な監督」とは、以下のとおりです。
①個人データと保護システムの安全管理についての職員の役割と責任について、教育研修等を通じて周知徹底させること。

②業務上、個人データにアクセスする場面で必要な指示を与えること。
③モニタリング等を通じて個人データの取扱状況を確認すること。
④これらを継続的に実施していくこと。

3 ボランティア、実習生への指導、監督

　ボランティア、実習生、研修生も、利用者の個人データに触れる機会があります。しかし、個人情報の保護に関する教育研修の受講経験がない者もいますので、意識を高めさせる必要があります。

　したがって、職員に対するよりもきめ細やかな指導や確認が求められます。

　具体的な対応策としては、研修の開始時に、個人情報保護の重要性について意識づけを行い（例えば、ボランティア、実習、研修を開始する前に、守秘義務に関する誓約書を提出させるなど）、事業者における個人情報保護の基本方針と実務における注意事項を十分に説明し、理解させること、そしてその後も、つど具体的な取扱方法を指導することが必要です。

　さらに、個人情報の漏えい防止のために、施設外に個人情報を持ち出さない、利用者の写真撮影などは行わない、施設外で個人情報に関わる話をしない、ブログやＳＮＳに業務で知り得た情報をアップしないといったルールも徹底する必要があります。

　また、実習生は実習内容についてレポートを作成し、外部に提出することが想定されます。レポート作成等において利用者名の匿名化を徹底させるなどの指導が必要です。

安全管理措置
1. 管理

Q52 職員に対する教育・研修

職員への教育・研修はどのように行えばよいでしょうか。

A
　職員による個人情報の不適切な取扱いによって個人情報が漏えいし、その結果、事業者全体の社会的信用が大きく低下することがあります。こうした事態を防止するために、職員に対する教育研修を行い、個人情報保護についての事業者全体の意識を向上させ、必要な情報を共有し、知識を定着させることが不可欠です。

　教育研修には、継続性と網羅性（「職員」全員の網羅）が求められます。この２点を満たすよう、教育研修計画を立てて実行していくことが必要です。

　研修方法、内容において、職員等の理解を深めるための工夫が必要です。社内規定を読みあげるだけといった一方的かつ形式的な内容では、研修効果はあがりません。具体的なケースを題材にした研修、他社事例の検討、グループ・ディスカッションなどを盛り込んだ研修は、当事者意識をもって参加できるため有効です。研修を通じて情報漏えいの重大性を実感させ、個人情報保護の意識を高め、業務のなかでの具体的な対策を身に着けさせることが重要です。

　また、外部の専門家を講師として招いたり、研修終了時に理解度チェックテストを行うなど簡単な効果判定テストを行うことも有用です。

V 安全管理措置
1. 管理

Q53 外部委託の際の留意点

個人データの取扱いを外部業者に委託する場合、どのような注意が必要でしょうか。

A

1 外部委託は「第三者提供」に当たらないこと

個人情報取扱事業者が、通知または公表等がなされた利用目的の達成に必要な範囲内で個人データを外部業者に委託することは、「第三者提供」に当たらず、本人の同意を取得する必要はありません（23条5項1号）。

2 委託者の義務

個人情報取扱事業者（委託者）は、委託を受けた外部業者（以下「受託者」という）に対して、個人データの安全管理が図られるよう必要かつ適切な監督をしなければなりません（22条）。

受託者が当該個人データを漏えいした場合、委託者は監督責任を問われます。漏えいによって当該個人データに係る本人に損害が発生した場合、委託者が本人に対して損害賠償責任を負うこともあります。

3 業務委託において必要な対応

個人データを外部業者に委託する場合、委託者には以下の対応が義務づけられています。

①受託者を選定する際、個人情報が適切に取り扱われることについて、

確認すること。
②委託契約書に委託者が定める安全管理措置の内容を定め、これの遵守を受託者の義務とすること。
③委託者が受託者の個人データの取扱状況を定期的に確認すること。
④受託者の個人データの取扱いに疑義が生じた場合(例えば、利用者本人からの苦情の申し出があるなど)、受託者に説明を求め、必要に応じて改善を求める等適切な措置をとること。

ガイダンスに業務委託の場合の留意事項が定められているので、参考にしてください(ガイダンスⅢ4(3)②参照)。

4　再委託の場合

個人データに係る業務が、受託者からさらに再委託がなされた場合において、再委託先による情報漏えいが発生した場合、委託者は受託者に対する「必要かつ適切な監督」義務を怠ったと評価され、本人に対して法的責任を負うことがあります。たとえ法的責任が認められなかったとしても、社会的非難は免れません。

こうした事態を避けるためには、委託契約で再委託を禁止する、または、再委託先に必要な安全管理措置をとらせるための対応を講じることを条件に再委託を認める、などが必要です。

具体的には、①適切な再委託先事業者を選定すること(委託元の許可を必要とするなど)、②委託契約において、委託者が受託者に義務づける安全管理措置と同じ内容の措置義務を再委託先に負わせる旨の、再委託契約を締結を条件とすることが必要です。さらに、③疑義がある場合の報告義務、監査権、問題対応の協力義務、契約解除条項等を委託契約に定めることにより、受託先を通じて再委託先に対して、必要な監督ができるようにすべきです。

5　受託者の公表

ガイダンスでは、利用目的を事業所内掲示等によって公表するにあたり、

個人データの取扱いに関する業務を委託している旨も公表するよう求めています（ガイダンス別表2）。委託業務の内容が、利用者等の関心の高い分野である場合には受託者である事業者名を公表することも考えられます。

安全管理措置
2. 漏えい時対応

Q54 個人データ漏えい時の対応

個人情報が漏えいした場合、どのような対応をとるべきでしょうか。また、経営者にはどのような姿勢が求められますか。

1 漏えいによるリスク

個人情報が漏えいした場合、次のようなリスクがあります。
・被害の拡大（二次被害を含む）
・漏えいした個人データに係る本人に対する損害の賠償
・報道などによる社会的信用の低下
・行政指導、処分
・刑事責任の追及

改正法において、「個人情報データベース等不正提供罪」が新設され（83条）、悪質な漏えい等を行った者がこれにより処罰されることとなりました。例えば、事業者の職員が業務上取り扱っていた顧客のデータベースを社外の第三者に売り渡す場合等がこれに当たります。
　同罪の成立要件は、以下のとおりです。
①個人情報取扱事業者もしくはその従業員またはこれらであった者が
②業務に関して取り扱った個人情報データベース等（全部または一部を複製し、または加工したものを含む）を
③自己もしくは第三者の不正な利益を図る目的で提供し、または盗

用したとき

両罰規定があることから、事業者の業務において当該違反行為が行われた場合、当該事業者にも罰金刑が科せられます（87条）。

2 漏えい時の対応

二次被害の防止、類似事案の発生防止等の観点から、「ガイドライン通則編」は、「4 漏えい等の事案が発生した場合等の対応」について別に定めるとし、「個人データの漏えい等の事案が発生した場合等の対応について」（平成29年個人情報保護委員会告示第1号。以下「漏えい対応の告示」という）を定めています。

漏えい対応の告示においては、個人情報または加工方法等情報の漏えい等の事案が発生した場合、以下の対応をとるよう定められています。

①「事業者内部における報告及び被害の拡大防止」

漏えい等の事案が発生した場合、直ちに責任者に報告するとともに、発覚時より被害が拡大しないような必要な措置をとること。

②「事実関係の調査及び原因の究明」

漏えいに関する事実関係を調査し、その原因を究明すること。

③「影響範囲の特定」

調査で把握した事実関係による影響の範囲を特定すること。

④「再発防止策の検討及び実施」

③で究明した原因を踏まえて再発防止策を検討し、実行すること。

⑤「影響を受ける可能性のある本人への連絡等」

事案の内容に応じて、二次被害の防止、類似事案の発生防止等の観点から、事実関係について速やかに本人へ連絡し、または本人が容易に知り得る状態に置くこと。

⑥「事実関係及び再発防止策等の公表」

事案の内容等に応じて、事実関係および再発防止策等を速やかに公表すること。

3　個人情報保護委員会への報告

　漏えい等の事案が発覚した場合、原則として、個人情報保護委員会等に対してその事実関係および再発防止等について、速やかに報告するよう努力する旨が定められています（なお、認定個人情報保護団体の個人情報取扱事業者は、当該認定個人情報保護団体に報告する）。

　例外として、以下の場合は、報告は不要とされています。

① 「実質的に個人データ又は加工方法等情報が外部に漏えいしていないと判断される場合」

　例えば、以下の事例が挙げられています。

- 高度な暗号化等の秘匿化がなされている場合
- 第三者に閲覧されないうちにすべてを回収した場合
- 漏えいされた個人データまたは加工方法等情報によって個人を識別することが、漏えいした事業者以外ではできない場合（ただし、本人に被害が生じる恐れのある情報が漏えいした場合を除く）
- 個人データ等の滅失または毀損にとどまり、第三者がこれらの情報を閲覧することが合理的に予測できない場合

② 「FAX若しくはメールの誤送信、又は荷物の誤配等のうち軽微なものの場合」

4　経営者に求められる姿勢

　個人情報の漏えい事案は、対応を誤ると、事業者の社会的信用が大きく損なわれる可能性があります。個人情報の漏えいによって企業価値が大きく損なわれた事案を見ると、不祥事自体の重大性に、事業者の事後対応の遅れや経営者の不適切な対応姿勢が加わって、さらなる社会的信用の低下、失墜を招いています（レピュテーションリスク）。経営者が「あってはならないことが起こった」などとして情報の漏えいを隠そうとすると、隠蔽批判を招き、事業者そのものに対する不信感につながります。要配慮個人情報の漏えいの場合には、事業の存続

を負かすような大きなリスクとなることもあり得るでしょう。
　したがって、漏えいに係る事実関係を迅速に把握したうえで、漏えいした個人情報に係る本人、利用者全員に対して、事実関係を説明して謝罪し、再発防止策等を講じる必要があります。
　加えて、安全管理体制の不備や意識の問題など原因を究明し、そのうえで、漏えいに関与した者に対して毅然（きぜん）とした措置をとることが必要です。

I 個人情報保護法とは

II 社会福祉関係事業者の責務と対応

III 定義等

IV 個人情報の取扱い（取得・利用・提供）

V 安全管理措置

VI 問い合わせ対応

資料編

VI 問い合わせ対応
1. 個人情報の開示等請求への対応

Q55 個人情報開示請求への対応

個人情報の開示請求があった場合、どのように対応すればよいですか。

1 開示等請求への対応

開示請求を受けた個人情報について、個人情報取扱事業者が開示等を行う権限をもつ「保有個人データ」である場合、請求者に対して個人データを開示しなければなりません。開示請求を受けた場合、次のような対応が必要です。

①保有個人データに該当するか否かを確認する。
②請求者の本人確認（「保有個人データ」については、本書Q20参照）を行う。

この二つの確認がとれれば、書面の交付、または、請求者が同意した方法により、遅滞なく開示しなければなりません（28条2項、政令9条）。

当該個人情報が保有個人データとして存在しない場合には、請求者にその旨を通知してください（28条3項）。

2 本人確認の方法

誤って本人または開示請求権のない者に個人情報開示した場合、本人の同意のない第三者への開示＝「漏えい」と認識されます。したがって、本人確認は極めて重要であり、慎重な手続が必要です。

本人確認の方法として、次のような方法があります。
①本人の場合
　・直接来所の場合
　　パスポート、運転免許証などの顔写真付きの身分証明書、印鑑証明書および実印、マイナンバーカードでの確認。
　・オンラインの場合
　　個人情報入力時に設定されたIDとパスワード等による確認。
　・電話による場合
　　通常他人が知り得ないと考えられる一定の登録情報を回答してもらうことなど。しかし、なりすましの可能性を完全に排除することは難しいため、慎重な対応が必要。
　・郵送の場合
　　運転免許証、健康保険被保険者証の写しの送付を受けて、当該写しに記載された住所等への文書送付等。
②代理人の場合
　・本人および代理人について、運転免許証、健康保険の被保険者証、パスポート（弁護士の場合は、身分証明書や登録番号の提示）および代理人であることを示す委任状等の確認。
　・他の法令の規定により、保有個人データの開示について定めがある場合には、当該法令の規定による（28条4項）。

VI 問い合わせ対応
1. 個人情報の開示等請求への対応

Q56 利用停止請求等への対応

本人からの保有個人データの開示、訂正等（追加や削除を含む）、利用停止、消去、第三者提供の停止請求に常に応じる必要はありますか。例えば、利用者本人の状況について家族等から情報提供を受けている場合、本人への開示が家族関係を悪化させるなど悪影響を与えるようなケースではどうでしょうか。

A

1 開示等請求権の明確化

旧法においては、事業者は本人から保有個人データの開示等を求められた場合にそれらに応じる義務が定められていましたが、本人の権利としては定められていませんでした。

そこで、改正法において、本人に個人情報の開示、訂正（追加や削除を含む）、利用停止、消去、第三者提供の停止について、裁判所に訴えを提起することのできる請求権（私法上の権利）があることが明確にされました（28条～30条）。これらの請求権に基づく訴えの提起または仮処分命令申立をするには、あらかじめ事業者に裁判外の請求を行い、2週間が経過することが必要とされています。したがって、事業者としては、本人から個人開示等請求がなされてから2週間以内に対応することができる体制を構築することが必要です。

2 開示等に応じる必要がない場合

法は、本人からの保有個人データの開示、訂正等、利用停止、消去、第三者提供の停止請求等に応じる必要がない場合について、それぞれ

定めています。

　ア　開示請求に応じる必要がない場合

① 「本人又は第三者の生命、身体、財産その他の権利利益を害するおそれがある場合」
② 「当該個人情報取扱事業者の業務の適正な実施に著しい支障を及ぼすおそれがある場合」
③ 「他の法令に違反することとなる場合」

　ただし、個々の事例への適用については慎重に判断することが必要です。例えば、一部に非開示情報が含まれるからといって全部を非開示にすることはできず、非開示情報を伏せたうえで、その他の情報は開示しなければなりません。

　イ　訂正、追加、削除の請求に応じる必要がない場合

① 利用目的から見て訂正等が必要でない場合
② 本人の指摘が正しくない場合
③ 訂正等請求の対象が事実でなく、評価に関する情報である場合

　ウ　利用停止請求、第三者提供の停止請求に応じる必要がない場合

① 利用目的による制限、適切な取得または第三者提供の制限に違反していない場合
② 利用停止等に多額の費用を要する場合、その他利用停止を行うことが困難な場合であって、本人の権利利益を保護するために必要な代替措置をとる場合

3　請求に応じない場合の取扱い

　開示等の請求に応じないという決定を行った場合、本人に遅滞なく、非開示等の決定としたことを理由とともに説明してください。ガイダンスでは、基本的には、非開示等を決定した理由を文書で説明し、あわせて苦情処理体制について説明することが求められています。

VI 問い合わせ対応
1. 個人情報の開示等請求への対応

Q57 代理人からの請求への対応

代理人が保有個人データの開示、訂正、利用停止等を請求することはできますか。また、そうした請求を受けた場合に注意すべき点を教えて下さい。

A

1 代理人の範囲

保有個人データの開示等の請求は、未成年者または成年被後見人の法定代理人、本人が開示等請求について委任した代理人について認められています（32条3項、政令11条）。

2 注意点

開示等の請求を受けた場合、本人の代理人である旨の確認が必要です。委任状など代理人であることを証する書類の提示を求め、確認します（確認の方法については、本書Q55参照）。

ガイダンスは、代理人に対する開示が可能であると確認した場合であっても、原則として本人に対して保有個人データの開示を行う旨を当該代理人に対して説明をするよう求めています。

特に、本人の具体的な意思を把握できない包括的な委任状に基づく請求がされた場合、請求時より相当期間前に行われた委任に基づく請求が行われた場合には、本人に対して、開示請求者および開示する保有個人データの内容について十分説明したうえで本人の意思を確認すること、代理人の請求の適正性、開示の範囲等について本人の意思を

踏まえた対応を行うようにしてください（ガイダンスⅢ10【その他の事項】）。

　本人が開示を希望しない旨を申し出た場合、28条2項3項に定める「開示が必要ない事由」に該当する場合には、法定代理人等に対して開示しないことができます。

　また、サービス利用者の法定代理人から開示を求められた場合、当該本人について、児童虐待およびＤＶの恐れの有無を確認し、28条2項3号に該当する場合には開示を拒否することが適切です。

VI 問い合わせ対応
1. 個人情報の開示等請求への対応

Q58 開示請求等の求めに応じる場合の手続

開示等の求めに応じる場合の手続について教えてください。

1 手続の定め

　事業者において開示等の受付方法、手続を定めることができます（32条、33条）。ただし、本人に過重な負担がかからないような手続にすることが必要です。

　ガイダンスでは、次の事項を定めることができるとしています。

① 　受付先
② 　請求書面の様式、その他受付方法
③ 　本人確認、代理人の確認方法
④ 　手数料を徴収する場合、その徴収方法

2 手数料

　開示手数料は、実費等を勘案し、合理的と認められる金額で徴収することができます（33条）。

Q59 保有個人データに関する公表と問い合わせ対応

事業者が個人データについて公表すべき事項はどのようなものですか。

A 法は、保有個人データについて、以下の事項について、本人の知り得る状態（本人の求めに応じて遅滞なく回答する場合を含む）にしなければならないと定めています（27条1項）。

① 「個人情報取扱事業者の氏名又は名称」
② 「全ての保有個人データの利用目的（18条4項1号から3号までに該当する場合を除く）」
③ 保有個人データの利用目的の通知、開示、訂正、利用停止等の手続の方法、開示請求に係る手数料の額
④ 苦情の申出先、認定個人情報保護団体の名称および苦情解決申出先

また、本人から、本人が識別される保有個人データの利用目的を通知するよう求められた際は、利用目的が明らかになっている場合や、18条4項の例外事由に当たる場合を除き、遅滞なく通知しなければなりません。

また、利用目的を通知しないと決定した場合にも、本人にその旨を通知しなければなりません。

ガイダンスでは、保有個人データについて、上記の項目を事業所内、ホームページ等で明らかにするよう求め、利用者等の要望により書面を交付したり、問い合わせに対して具体的内容を回答できるようにすることを推奨しています。

VI 問い合わせ対応
2. 苦情処理体制

Q60 苦情処理体制

個人情報の取扱に関する苦情処理体制はどのようなものですか。

A
　個人情報取扱事業者は適切かつ迅速に苦情を処理するために、苦情処理窓口の設置、処理手順を定める等、苦情処理体制を構築するよう努める義務があります（35条）。

　苦情処理体制は、利用者の立場にたって利用しやすいものにすることが重要です。ガイダンスでは、苦情処理窓口を設置し、利用者を担当するスタッフ以外の職員を配置することが望ましいとしています。

　苦情処理体制は、事業所内への掲示、ホームページへの掲載等を行い、あわせて、地方公共団体、社会福祉事業の経営者団体や運営適正化委員会等の外部の苦情に関する相談窓口も周知させることが望まれます。

I 個人情報保護法とは

II 社会福祉関係事業者の責務と対応

III 定義等

IV 個人情報の取扱い
（取得・利用・提供）

V 安全管理措置

VI 問い合わせ対応

資料編

個人情報の保護に関する法律 （平成15年法律第57号）

第1章　総則

（目的）
第1条　この法律は、高度情報通信社会の進展に伴い個人情報の利用が著しく拡大していることに鑑み、個人情報の適正な取扱いに関し、基本理念及び政府による基本方針の作成その他の個人情報の保護に関する施策の基本となる事項を定め、国及び地方公共団体の責務等を明らかにするとともに、個人情報を取り扱う事業者の遵守すべき義務等を定めることにより、個人情報の適正かつ効果的な活用が新たな産業の創出並びに活力ある経済社会及び豊かな国民生活の実現に資するものであることその他の個人情報の有用性に配慮しつつ、個人の権利利益を保護することを目的とする。

（定義）
第2条　この法律において「個人情報」とは、生存する個人に関する情報であって、次の各号のいずれかに該当するものをいう。
　一　当該情報に含まれる氏名、生年月日その他の記述等（文書、図画若しくは電磁的記録（電磁的方式（電子的方式、磁気的方式その他人の知覚によっては認識することができない方式をいう。次項第2号において同じ。）で作られる記録をいう。第18条第2項において同じ。）に記載され、若しくは記録され、又は音声、動作その他の方法を用いて表された一切の事項（個人識別符号を除く。）をいう。以下同じ。）により特定の個人を識別することができるもの（他の情報と容易に照合することができ、それにより特定の個人を識別することができることとなるものを含む。）
　二　個人識別符号が含まれるもの
2　この法律において「個人識別符号」とは、次の各号のいずれかに該当する文字、番号、記号その他の符号のうち、政令で定めるものをいう。
　一　特定の個人の身体の一部の特徴を電子計算機の用に供するために変換した文字、番号、記号その他の符号であって、当該特定の個人を識別することができるもの
　二　個人に提供される役務の利用若しくは個人に販売される商品の購入に関し割り当てられ、又は個人に発行されるカードその他の書類に記載され、若しくは電磁的方式により記録された文字、番号、記号その他の符号であって、その利用者若しくは購入者又は発行を受ける者ごとに異なるものとなるように割り当てられ、又は記載され、若しくは記録されることにより、特定の利用者若しくは購入者又は発行を受ける者を識別することができるもの
3　この法律において「要配慮個人情報」とは、本人の人種、信条、社会的身分、病歴、犯罪の経歴、犯罪により害を被った事実その他本人に対する不当な差別、偏見その他の不利益が生じないようにその取扱いに特に配慮を要するものとして政令で定める記述等が含まれる個人情報をいう。
4　この法律において「個人情報データベース等」とは、個人情報を含む情報の集合物であって、次に掲げるもの（利用方法からみて個人の権利利益を害するおそれが少ないものとして政令で定めるものを除く。）をいう。
　一　特定の個人情報を電子計算機を用いて検索することができるように体系的に構成したもの
　二　前号に掲げるもののほか、特定の個人情報を容易に検索することができるように体系的に構成したものとして政令で定めるもの
5　この法律において「個人情報取扱事業者」とは、個人情報データベース等を事業の用に供している者をいう。ただし、次に掲げる者を除く。
　一　国の機関
　二　地方公共団体
　三　独立行政法人等（独立行政法人等の保有する個人情報の保護に関する法律（平成15年法律第59号）第2条第1項に規定する独立行政法人等をいう。以下同じ。）
　四　地方独立行政法人（地方独立行政法人法（平成15年法律第118号）第2条第1項に規定する地方独立行政法人をいう。以下同じ。）
6　この法律において「個人データ」とは、個人情報データベース等を構成する個人情報をいう。
7　この法律において「保有個人データ」とは、個人情報取扱事業者が、開示、内容の訂正、追加又は削除、利用の停止、消去及び第三者への提供の停止を行うことのできる権限を有する個人データであって、その存否が明らかになることにより公益その他の利益が害されるものとして政令で定めるもの又は1年以内の政令で定める期間以内に消去することとなるもの以外のものをいう。
8　この法律において個人情報について「本人」とは、個人情報によって識別される特定の個人をいう。
9　この法律において「匿名加工情報」とは、次の各号に掲げる個人情報の区分に応じて当該各

号に定める措置を講じて特定の個人を識別することができないように個人情報を加工して得られる個人に関する情報であって、当該個人情報を復元することができないようにしたものをいう。
- 一　第1項第1号に該当する個人情報　当該個人情報に含まれる記述等の一部を削除すること（当該一部の記述等を復元することのできる規則性を有しない方法により他の記述等に置き換えることを含む。）。
- 二　第1項第2号に該当する個人情報　当該個人情報に含まれる個人識別符号の全部を削除すること（当該個人識別符号を復元することのできる規則性を有しない方法により他の記述等に置き換えることを含む。）。

10　この法律において「匿名加工情報取扱事業者」とは、匿名加工情報を含む情報の集合物であって、特定の匿名加工情報を電子計算機を用いて検索することができるように体系的に構成したものその他特定の匿名加工情報を容易に検索することができるように体系的に構成したものとして政令で定めるもの（第36条第1項において「匿名加工情報データベース等」という。）を事業の用に供している者をいう。ただし、第5項各号に掲げる者を除く。

（基本理念）
第3条　個人情報は、個人の人格尊重の理念の下に慎重に取り扱われるべきものであることにかんがみ、その適正な取扱いが図られなければならない。

第2章　国及び地方公共団体の責務等

（国の責務）
第4条　国は、この法律の趣旨にのっとり、個人情報の適正な取扱いを確保するために必要な施策を総合的に策定し、及びこれを実施する責務を有する。

（地方公共団体の責務）
第5条　地方公共団体は、この法律の趣旨にのっとり、その地方公共団体の区域の特性に応じて、個人情報の適正な取扱いを確保するために必要な施策を策定し、及びこれを実施する責務を有する。

（法制上の措置等）
第6条　政府は、個人情報の性質及び利用方法に鑑み、個人の権利利益の一層の保護を図るため特にその適正な取扱いの厳格な実施を確保する必要がある個人情報について、保護のための格別の措置が講じられるよう必要な法制上の措置その他の措置を講ずるとともに、国際機関その他の国際的な枠組みへの協力を通じて、各国政府と共同して国際的に整合のとれた個人情報に係る制度を構築するために必要な措置を講ずるものとする。

第3章　個人情報の保護に関する施策等

第1節　個人情報の保護に関する基本方針
第7条　政府は、個人情報の保護に関する施策の総合的かつ一体的な推進を図るため、個人情報の保護に関する基本方針（以下「基本方針」という。）を定めなければならない。

2　基本方針は、次に掲げる事項について定めるものとする。
- 一　個人情報の保護に関する施策の推進に関する基本的な方向
- 二　国が講ずべき個人情報の保護のための措置に関する事項
- 三　地方公共団体が講ずべき個人情報の保護のための措置に関する基本的な事項
- 四　独立行政法人等が講ずべき個人情報の保護のための措置に関する基本的な事項
- 五　地方独立行政法人が講ずべき個人情報の保護のための措置に関する基本的な事項
- 六　個人情報取扱事業者及び匿名加工情報取扱事業者並びに第50条第1項に規定する認定個人情報保護団体が講ずべき個人情報の保護のための措置に関する基本的な事項
- 七　個人情報の取扱いに関する苦情の円滑な処理に関する事項
- 八　その他個人情報の保護に関する施策の推進に関する重要事項

3　内閣総理大臣は、個人情報保護委員会が作成した基本方針の案について閣議の決定を求めなければならない。

4　内閣総理大臣は、前項の規定による閣議の決定があったときは、遅滞なく、基本方針を公表しなければならない。

5　前二項の規定は、基本方針の変更について準用する。

第2節　国の施策
（地方公共団体等への支援）
第8条　国は、地方公共団体が策定し、又は実施する個人情報の保護に関する施策及び国民又は事業者等が個人情報の適正な取扱いの確保に関して行う活動を支援するため、情報の提供、事業者等が講ずべき措置の適切かつ有効な実施を図るための指針の策定その他の必要な措置を講ずるものとする。

（苦情処理のための措置）
第9条　国は、個人情報の取扱いに関し事業者と本人との間に生じた苦情の適切かつ迅速な処理を図るために必要な措置を講ずるものとする。
（個人情報の適正な取扱いを確保するための措置）

第10条　国は、地方公共団体との適切な役割分担を通じ、次章に規定する個人情報取扱事業者による個人情報の適正な取扱いを確保するために必要な措置を講ずるものとする。

第3節　地方公共団体の施策
（地方公共団体等が保有する個人情報の保護）
第11条　地方公共団体は、その保有する個人情報の性質、当該個人情報を保有する目的等を勘案し、その保有する個人情報の適正な取扱いが確保されるよう必要な措置を講ずることに努めなければならない。
2　地方公共団体は、その設立に係る地方独立行政法人について、その性格及び業務内容に応じ、その保有する個人情報の適正な取扱いが確保されるよう必要な措置を講ずることに努めなければならない。
（区域内の事業者等への支援）
第12条　地方公共団体は、個人情報の適正な取扱いを確保するため、その区域内の事業者及び住民に対する支援に必要な措置を講ずるよう努めなければならない。
（苦情の処理のあっせん等）
第13条　地方公共団体は、個人情報の取扱いに関し事業者と本人との間に生じた苦情が適切かつ迅速に処理されるようにするため、苦情の処理のあっせんその他必要な措置を講ずるよう努めなければならない。

第4節　国及び地方公共団体の協力
第14条　国及び地方公共団体は、個人情報の保護に関する施策を講ずるにつき、相協力するものとする。

第4章　個人情報取扱事業者の義務等
第1節　個人情報取扱事業者の義務
（利用目的の特定）
第15条　個人情報取扱事業者は、個人情報を取り扱うに当たっては、その利用の目的（以下「利用目的」という。）をできる限り特定しなければならない。
2　個人情報取扱事業者は、利用目的を変更する場合には、変更前の利用目的と関連性を有すると合理的に認められる範囲を超えて行ってはならない。
（利用目的による制限）
第16条　個人情報取扱事業者は、あらかじめ本人の同意を得ないで、前条の規定により特定された利用目的の達成に必要な範囲を超えて、個人情報を取り扱ってはならない。
2　個人情報取扱事業者は、合併その他の事由により他の個人情報取扱事業者から事業を承継することに伴って個人情報を取得した場合は、あらかじめ本人の同意を得ないで、承継前における当該個人情報の利用目的の達成に必要な範囲を超えて、当該個人情報を取り扱ってはならない。
3　前二項の規定は、次に掲げる場合については、適用しない。
　一　法令に基づく場合
　二　人の生命、身体又は財産の保護のために必要がある場合であって、本人の同意を得ることが困難であるとき。
　三　公衆衛生の向上又は児童の健全な育成の推進のために特に必要がある場合であって、本人の同意を得ることが困難であるとき。
　四　国の機関若しくは地方公共団体又はその委託を受けた者が法令の定める事務を遂行することに対して協力する必要がある場合であって、本人の同意を得ることにより当該事務の遂行に支障を及ぼすおそれがあるとき。

（適正な取得）
第17条　個人情報取扱事業者は、偽りその他不正の手段により個人情報を取得してはならない。
2　個人情報取扱事業者は、次に掲げる場合を除くほか、あらかじめ本人の同意を得ないで、要配慮個人情報を取得してはならない。
　一　法令に基づく場合
　二　人の生命、身体又は財産の保護のために必要がある場合であって、本人の同意を得ることが困難であるとき。
　三　公衆衛生の向上又は児童の健全な育成の推進のために特に必要がある場合であって、本人の同意を得ることが困難であるとき。
　四　国の機関若しくは地方公共団体又はその委託を受けた者が法令の定める事務を遂行することに対して協力する必要がある場合であって、本人の同意を得ることにより当該事務の遂行に支障を及ぼすおそれがあるとき。
　五　当該要配慮個人情報が、本人、国の機関、地方公共団体、第76条第1項各号に掲げる者その他個人情報保護委員会規則で定める者により公開されている場合
　六　その他前各号に掲げる場合に準ずるものとして政令で定める場合

（取得に際しての利用目的の通知等）
第18条　個人情報取扱事業者は、個人情報を取得した場合は、あらかじめその利用目的を公表している場合を除き、速やかに、その利用目的を、本人に通知し、又は公表しなければならない。
2　個人情報取扱事業者は、前項の規定にかかわらず、本人との間で契約を締結することに伴って契約書その他の書面（電磁的記録を含む。以下この項において同じ。）に記載された当該本

人の個人情報を取得する場合その他本人から直接書面に記載された当該本人の個人情報を取得する場合は、あらかじめ、本人に対し、その利用目的を明示しなければならない。ただし、人の生命、身体又は財産の保護のために緊急に必要がある場合は、この限りでない。
3　個人情報取扱事業者は、利用目的を変更した場合は、変更された利用目的について、本人に通知し、又は公表しなければならない。
4　前三項の規定は、次に掲げる場合については、適用しない。
　一　利用目的を本人に通知し、又は公表することにより本人又は第三者の生命、身体、財産その他の権利利益を害するおそれがある場合
　二　利用目的を本人に通知し、又は公表することにより当該個人情報取扱事業者の権利又は正当な利益を害するおそれがある場合
　三　国の機関又は地方公共団体が法令の定める事務を遂行することに対して協力する必要がある場合であって、利用目的を本人に通知し、又は公表することにより当該事務の遂行に支障を及ぼすおそれがあるとき。
　四　取得の状況からみて利用目的が明らかであると認められる場合

（データ内容の正確性の確保等）
第19条　個人情報取扱事業者は、利用目的の達成に必要な範囲内において、個人データを正確かつ最新の内容に保つとともに、利用する必要がなくなったときは、当該個人データを遅滞なく消去するよう努めなければならない。

（安全管理措置）
第20条　個人情報取扱事業者は、その取り扱う個人データの漏えい、滅失又はき損の防止その他の個人データの安全管理のために必要かつ適切な措置を講じなければならない。

（従業者の監督）
第21条　個人情報取扱事業者は、その従業者に個人データを取り扱わせるに当たっては、当該個人データの安全管理が図られるよう、当該従業者に対する必要かつ適切な監督を行わなければならない。

（委託先の監督）
第22条　個人情報取扱事業者は、個人データの取扱いの全部又は一部を委託する場合は、その取扱いを委託された個人データの安全管理が図られるよう、委託を受けた者に対する必要かつ適切な監督を行わなければならない。

（第三者提供の制限）
第23条　個人情報取扱事業者は、次に掲げる場合を除くほか、あらかじめ本人の同意を得ないで、個人データを第三者に提供してはならない。
　一　法令に基づく場合
　二　人の生命、身体又は財産の保護のために必要がある場合であって、本人の同意を得ることが困難であるとき。
　三　公衆衛生の向上又は児童の健全な育成の推進のために特に必要がある場合であって、本人の同意を得ることが困難であるとき。
　四　国の機関若しくは地方公共団体又はその委託を受けた者が法令の定める事務を遂行することに対して協力する必要がある場合であって、本人の同意を得ることにより当該事務の遂行に支障を及ぼすおそれがあるとき。
2　個人情報取扱事業者は、第三者に提供される個人データ（要配慮個人情報を除く。以下この項において同じ。）について、本人の求めに応じて当該本人が識別される個人データの第三者への提供を停止することとしている場合であって、次に掲げる事項について、個人情報保護委員会規則で定めるところにより、あらかじめ、本人に通知し、又は本人が容易に知り得る状態に置くとともに、個人情報保護委員会に届け出たときは、前項の規定にかかわらず、当該個人データを第三者に提供することができる。
　一　第三者への提供を利用目的とすること。
　二　第三者に提供される個人データの項目
　三　第三者への提供の方法
　四　本人の求めに応じて当該本人が識別される個人データの第三者への提供を停止すること。
　五　本人の求めを受け付ける方法
3　個人情報取扱事業者は、前項第2号、第3号又は第5号に掲げる事項を変更する場合は、変更する内容について、個人情報保護委員会規則で定めるところにより、あらかじめ、本人に通知し、又は本人が容易に知り得る状態に置くとともに、個人情報保護委員会に届け出なければならない。
4　個人情報保護委員会は、第2項の規定による届出があったときは、個人情報保護委員会規則で定めるところにより、当該届出に係る事項を公表しなければならない。前項の規定による届出があったときも、同様とする。
5　次に掲げる場合において、当該個人データの提供を受ける者は、前各項の規定の適用については、第三者に該当しないものとする。
　一　個人情報取扱事業者が利用目的の達成に必要な範囲内において個人データの取扱いの全部又は一部を委託することに伴って当該個人データが提供される場合
　二　合併その他の事由による事業の承継に伴って個人データが提供される場合
　三　特定の者との間で共同して利用される個人デ

133

ータが当該特定の者に提供される場合であって、その旨並びに共同して利用される個人データの項目、共同して利用する者の範囲、利用する者の利用目的及び当該個人データの管理について責任を有する者の氏名又は名称について、あらかじめ、本人に通知し、又は本人が容易に知り得る状態に置いているとき。
6　個人情報取扱事業者は、前項第3号に規定する利用する者の利用目的又は個人データの管理について責任を有する者の氏名若しくは名称を変更する場合は、変更する内容について、あらかじめ、本人に通知し、又は本人が容易に知り得る状態に置かなければならない。

（外国にある第三者への提供の制限）
第24条　個人情報取扱事業者は、外国（本邦の域外にある国又は地域をいう。以下同じ。）（個人の権利利益を保護する上で我が国と同等の水準にあると認められる個人情報の保護に関する制度を有している外国として個人情報保護委員会規則で定めるものを除く。以下この条において同じ。）にある第三者（個人データの取扱いについてこの節の規定により個人情報取扱事業者が講ずべきこととされている措置に相当する措置を継続的に講ずるために必要なものとして個人情報保護委員会規則で定める基準に適合する体制を整備している者を除く。以下この条において同じ。）に個人データを提供する場合には、前条第1項各号に掲げる場合を除くほか、あらかじめ外国にある第三者への提供を認める旨の本人の同意を得なければならない。この場合においては、同条の規定は、適用しない。

（第三者提供に係る記録の作成等）
第25条　個人情報取扱事業者は、個人データを第三者（第2条第5項各号に掲げる者を除く。以下この条及び次条において同じ。）に提供したときは、個人情報保護委員会規則で定めるところにより、当該個人データを提供した年月日、当該第三者の氏名又は名称その他の個人情報保護委員会規則で定める事項に関する記録を作成しなければならない。ただし、当該個人データの提供が第23条第1項各号又は第5項各号のいずれか（前条の規定による個人データの提供にあっては、第23条第1項各号のいずれか）に該当する場合は、この限りでない。
2　個人情報取扱事業者は、前項の記録を、当該記録を作成した日から個人情報保護委員会規則で定める期間保存しなければならない。

（第三者提供を受ける際の確認等）
第26条　個人情報取扱事業者は、第三者から個人データの提供を受けるに際しては、個人情報保護委員会規則で定めるところにより、次に掲げる事項の確認を行わなければならない。ただし、当該個人データの提供が第23条第1項各号又は第5項各号のいずれかに該当する場合は、この限りでない。
一　当該第三者の氏名又は名称及び住所並びに法人にあっては、その代表者（法人でない団体で代表者又は管理人の定めのあるものにあっては、その代表者又は管理人）の氏名
二　当該第三者による当該個人データの取得の経緯
2　前項の第三者は、個人情報取扱事業者が同項の規定による確認を行う場合において、当該個人情報取扱事業者に対して、当該確認に係る事項を偽ってはならない。
3　個人情報取扱事業者は、第1項の規定による確認を行ったときは、個人情報保護委員会規則で定めるところにより、当該個人データの提供を受けた年月日、当該確認に係る事項その他の個人情報保護委員会規則で定める事項に関する記録を作成しなければならない。
4　個人情報取扱事業者は、前項の記録を、当該記録を作成した日から個人情報保護委員会規則で定める期間保存しなければならない。

（保有個人データに関する事項の公表等）
第27条　個人情報取扱事業者は、保有個人データに関し、次に掲げる事項について、本人の知り得る状態（本人の求めに応じて遅滞なく回答する場合を含む。）に置かなければならない。
一　当該個人情報取扱事業者の氏名又は名称
二　全ての保有個人データの利用目的（第18条第4項第1号から第3号までに該当する場合を除く。）
三　次項の規定による求め又は次条第1項、第29条第1項若しくは第30条第1項若しくは第3項の規定による請求に応じる手続（第33条第2項の規定により手数料の額を定めたときは、その手数料の額を含む。）
四　前三号に掲げるもののほか、保有個人データの適正な取扱いの確保に関し必要な事項として政令で定めるもの
2　個人情報取扱事業者は、本人から、当該本人が識別される保有個人データの利用目的の通知を求められたときは、本人に対し、遅滞なく、これを通知しなければならない。ただし、次の各号のいずれかに該当する場合は、この限りでない。
一　前項の規定により当該本人が識別される保有個人データの利用目的が明らかな場合
二　第18条第4項第1号から第3号までに該当する場合
3　個人情報取扱事業者は、前項の規定に基づき

求められた保有個人データの利用目的を通知しない旨の決定をしたときは、本人に対し、遅滞なく、その旨を通知しなければならない。

(開示)
第28条　本人は、個人情報取扱事業者に対し、当該本人が識別される保有個人データの開示を請求することができる。
2　個人情報取扱事業者は、前項の規定による請求を受けたときは、本人に対し、政令で定める方法により、遅滞なく、当該保有個人データを開示しなければならない。ただし、開示することにより次の各号のいずれかに該当する場合は、その全部又は一部を開示しないことができる。
一　本人又は第三者の生命、身体、財産その他の権利利益を害するおそれがある場合
二　当該個人情報取扱事業者の業務の適正な実施に著しい支障を及ぼすおそれがある場合
三　他の法令に違反することとなる場合
3　個人情報取扱事業者は、第1項の規定による請求に係る保有個人データの全部又は一部について開示しない旨の決定をしたとき又は当該保有個人データが存在しないときは、本人に対し、遅滞なく、その旨を通知しなければならない。
4　他の法令の規定により、本人に対し第2項本文に規定する方法に相当する方法により当該本人が識別される保有個人データの全部又は一部を開示することとされている場合には、当該全部又は一部の保有個人データについては、第1項及び第2項の規定は、適用しない。

(訂正等)
第29条　本人は、個人情報取扱事業者に対し、当該本人が識別される保有個人データの内容が事実でないときは、当該保有個人データの内容の訂正、追加又は削除(以下この条において「訂正等」という。)を請求することができる。
2　個人情報取扱事業者は、前項の規定による請求を受けた場合には、その内容の訂正等に関して他の法令の規定により特別の手続が定められている場合を除き、利用目的の達成に必要な範囲内において、遅滞なく必要な調査を行い、その結果に基づき、当該保有個人データの内容の訂正等を行わなければならない。
3　個人情報取扱事業者は、第1項の規定による請求に係る保有個人データの内容の全部若しくは一部について訂正等を行ったとき、又は訂正等を行わない旨の決定をしたときは、本人に対し、遅滞なく、その旨(訂正等を行ったときは、その内容を含む。)を通知しなければならない。

(利用停止等)
第30条　本人は、個人情報取扱事業者に対し、当該本人が識別される保有個人データが第16条の規定に違反して取り扱われているとき又は第17条の規定に違反して取得されたものであるときは、当該保有個人データの利用の停止又は消去(以下この条において「利用停止等」という。)を請求することができる。
2　個人情報取扱事業者は、前項の規定による請求を受けた場合であって、その請求に理由があることが判明したときは、違反を是正するために必要な限度で、遅滞なく、当該保有個人データの利用停止等を行わなければならない。ただし、当該保有個人データの利用停止等に多額の費用を要する場合その他の利用停止等を行うことが困難な場合であって、本人の権利利益を保護するため必要なこれに代わるべき措置をとるときは、この限りでない。
3　本人は、個人情報取扱事業者に対し、当該本人が識別される保有個人データが第23条第1項又は第24条の規定に違反して第三者に提供されているときは、当該保有個人データの第三者への提供の停止を請求することができる。
4　個人情報取扱事業者は、前項の規定による請求を受けた場合であって、その請求に理由があることが判明したときは、遅滞なく、当該保有個人データの第三者への提供を停止しなければならない。ただし、当該保有個人データの第三者への提供の停止に多額の費用を要する場合その他の第三者への提供を停止することが困難な場合であって、本人の権利利益を保護するため必要なこれに代わるべき措置をとるときは、この限りでない。
5　個人情報取扱事業者は、第1項の規定による請求に係る保有個人データの全部若しくは一部について利用停止等を行ったとき若しくは利用停止等を行わない旨の決定をしたとき、又は第3項の規定による請求に係る保有個人データの全部若しくは一部について第三者への提供を停止したとき若しくは第三者への提供を停止しない旨の決定をしたときは、本人に対し、遅滞なく、その旨を通知しなければならない。

(理由の説明)
第31条　個人情報取扱事業者は、第27条第3項、第28条第3項、第29条第3項又は前条第5項の規定により、本人から求められ、又は請求された措置の全部又は一部について、その措置をとらない旨を通知する場合又はその措置と異なる措置をとる旨を通知する場合は、本人に対し、その理由を説明するよう努めなければならない。

(開示等の請求等に応じる手続)
第32条　個人情報取扱事業者は、第27条第2項の規定による求め又は第28条第1項、第29条第1項若しくは第30条第1項若しくは第3項

の規定による請求（以下この条及び第53条第1項において「開示等の請求等」という。）に関し、政令で定めるところにより、その求め又は請求を受け付ける方法を定めることができる。この場合において、本人は、当該方法に従って、開示等の請求等を行わなければならない。
2　個人情報取扱事業者は、本人に対し、開示等の請求等に関し、その対象となる保有個人データを特定するに足りる事項の提示を求めることができる。この場合において、個人情報取扱事業者は、本人が容易かつ的確に開示等の請求等をすることができるよう、当該保有個人データの特定に資する情報の提供その他本人の利便を考慮した適切な措置をとらなければならない。
3　開示等の請求等は、政令で定めるところにより、代理人によってすることができる。
4　個人情報取扱事業者は、前三項の規定に基づき開示等の請求等に応じる手続を定めるに当たっては、本人に過重な負担を課するものとならないよう配慮しなければならない。

（手数料）
第33条　個人情報取扱事業者は、第27条第2項の規定による利用目的の通知を求められたとき又は第28条第1項の規定による開示の請求を受けたときは、当該措置の実施に関し、手数料を徴収することができる。
2　個人情報取扱事業者は、前項の規定により手数料を徴収する場合は、実費を勘案して合理的であると認められる範囲内において、その手数料の額を定めなければならない。

（事前の請求）
第34条　本人は、第28条第1項、第29条第1項又は第30条第1項若しくは第3項の規定による請求に係る訴えを提起しようとするときは、その訴えの被告となるべき者に対し、あらかじめ、当該請求を行い、かつ、その到達した日から2週間を経過した後でなければ、その訴えを提起することができない。ただし、当該訴えの被告となるべき者がその請求を拒んだときは、この限りでない。
2　前項の請求は、その請求が通常到達すべきであった時に、到達したものとみなす。
3　前二項の規定は、第28条第1項、第29条第1項又は第30条第1項若しくは第3項の規定による請求に係る仮処分命令の申立てについて準用する。

（個人情報取扱事業者による苦情の処理）
第35条　個人情報取扱事業者は、個人情報の取扱いに関する苦情の適切かつ迅速な処理に努めなければならない。
2　個人情報取扱事業者は、前項の目的を達成するために必要な体制の整備に努めなければならない。

第2節　匿名加工情報取扱事業者等の義務
（匿名加工情報の作成等）
第36条　個人情報取扱事業者は、匿名加工情報（匿名加工情報データベース等を構成するものに限る。以下同じ。）を作成するときは、特定の個人を識別すること及びその作成に用いる個人情報を復元することができないようにするために必要なものとして個人情報保護委員会規則で定める基準に従い、当該個人情報を加工しなければならない。
2　個人情報取扱事業者は、匿名加工情報を作成したときは、その作成に用いた個人情報から削除した記述等及び個人識別符号並びに前項の規定により行った加工の方法に関する情報の漏えいを防止するために必要なものとして個人情報保護委員会規則で定める基準に従い、これらの情報の安全管理のための措置を講じなければならない。
3　個人情報取扱事業者は、匿名加工情報を作成したときは、個人情報保護委員会規則で定めるところにより、当該匿名加工情報に含まれる個人に関する情報の項目を公表しなければならない。
4　個人情報取扱事業者は、匿名加工情報を作成して当該匿名加工情報を第三者に提供するときは、個人情報保護委員会規則で定めるところにより、あらかじめ、第三者に提供される匿名加工情報に含まれる個人に関する情報の項目及びその提供の方法について公表するとともに、当該第三者に対して、当該提供に係る情報が匿名加工情報である旨を明示しなければならない。
5　個人情報取扱事業者は、匿名加工情報を作成して自ら当該匿名加工情報を取り扱うに当たっては、当該匿名加工情報の作成に用いられた個人情報に係る本人を識別するために、当該匿名加工情報を他の情報と照合してはならない。
6　個人情報取扱事業者は、匿名加工情報を作成したときは、当該匿名加工情報の安全管理のために必要かつ適切な措置、当該匿名加工情報の作成その他の取扱いに関する苦情の処理その他の当該匿名加工情報の適正な取扱いを確保するために必要な措置を自ら講じ、かつ、当該措置の内容を公表するよう努めなければならない。

（匿名加工情報の提供）
第37条　匿名加工情報取扱事業者は、匿名加工情報（自ら個人情報を加工して作成したものを除く。以下この節において同じ。）を第三者に提供するときは、個人情報保護委員会規則で定めるところにより、あらかじめ、第三者に提供

される匿名加工情報に含まれる個人に関する情報の項目及びその提供の方法について公表するとともに、当該第三者に対して、当該提供に係る情報が匿名加工情報である旨を明示しなければならない。

(識別行為の禁止)
第38条　匿名加工情報取扱事業者は、匿名加工情報を取り扱うに当たっては、当該匿名加工情報の作成に用いられた個人情報に係る本人を識別するために、当該個人情報から削除された記述等若しくは個人識別符号若しくは第36条第1項の規定により行われた加工の方法に関する情報を取得し、又は当該匿名加工情報を他の情報と照合してはならない。（※1）

(安全管理措置等)
第39条　匿名加工情報取扱事業者は、匿名加工情報の安全管理のために必要かつ適1第38条は、行政機関等の保有する個人情報の適正かつ効果的な活用による新たな産業の創出並びに活用ある経済社会及び豊かな国民生活の実現に資するための関係法律の整備に関する法律の施行の日以降、「匿名加工情報取扱事業者は、匿名加工情報を取り扱うに当たっては、当該匿名加工情報の作成に用いられた個人情報に係る本人を識別するために、当該個人情報から削除された記述等若しくは個人識別符号若しくは第36条第1項、行政機関の保有する個人情報の保護に関する法律（平成15年法律第58号）第44条の10第1項（同条第2項において準用する場合を含む。）若しくは独立行政法人等の保有する個人情報の保護に関する法律第44条の10第1項（同条第2項において準用する場合を含む。）の規定により行われた加工の方法に関する情報を取得し、又は当該匿名加工情報を他の情報と照合してはならない。」となります（下線部分が改正部分）。切な措置、匿名加工情報の取扱いに関する苦情の処理その他の匿名加工情報の適正な取扱いを確保するために必要な措置を自ら講じ、かつ、当該措置の内容を公表するよう努めなければならない。

第3節　監督
(報告及び立入検査)
第40条　個人情報保護委員会は、前二節及びこの節の規定の施行に必要な限度において、個人情報取扱事業者又は匿名加工情報取扱事業者（以下「個人情報取扱事業者等」という。）に対し、個人情報又は匿名加工情報（以下「個人情報等」という。）の取扱いに関し、必要な報告若しくは資料の提出を求め、又はその職員に、当該個人情報取扱事業者等の事務所その他必要な場所に立ち入らせ、個人情報等の取扱いに関し質問

させ、若しくは帳簿書類その他の物件を検査させることができる。

2　前項の規定により立入検査をする職員は、その身分を示す証明書を携帯し、関係人の請求があったときは、これを提示しなければならない。

3　第1項の規定による立入検査の権限は、犯罪捜査のために認められたものと解釈してはならない。

(指導及び助言)
第41条　個人情報保護委員会は、前二節の規定の施行に必要な限度において、個人情報取扱事業者等に対し、個人情報等の取扱いに関し必要な指導及び助言をすることができる。

（勧告及び命令）
第42条　個人情報保護委員会は、個人情報取扱事業者が第16条から第18条まで、第20条から第22条まで、第23条（第4項を除く。）、第24条、第25条、第26条（第2項を除く。）、第27条、第28条（第1項を除く。）、第29条第2項若しくは第3項、第30条第2項、第4項若しくは第5項、第33条第2項若しくは第36条（第6項を除く。）の規定に違反した場合又は匿名加工情報取扱事業者が第37条若しくは第38条の規定に違反した場合において個人の権利利益を保護するため必要があると認めるときは、当該個人情報取扱事業者等に対し、当該違反行為の中止その他違反を是正するために必要な措置をとるべき旨を勧告することができる。

2　個人情報保護委員会は、前項の規定による勧告を受けた個人情報取扱事業者等が正当な理由がなくてその勧告に係る措置をとらなかった場合において個人の重大な権利利益の侵害が切迫していると認めるときは、当該個人情報取扱事業者等に対し、その勧告に係る措置をとるべきことを命ずることができる。

3　個人情報保護委員会は、前二項の規定にかかわらず、個人情報取扱事業者が第16条、第17条、第20条から第22条まで、第23条第1項、第24条若しくは第36条第1項、第2項若しくは第5項の規定に違反した場合又は匿名加工情報取扱事業者が第38条の規定に違反した場合において個人の重大な権利利益を害する事実があるため緊急に措置をとる必要があると認めるときは、当該個人情報取扱事業者等に対し、当該違反行為の中止その他違反を是正するために必要な措置をとるべきことを命ずることができる。

(個人情報保護委員会の権限の行使の制限)
第43条　個人情報保護委員会は、前三条の規定により個人情報取扱事業者等に対し報告若しくは資料の提出の要求、立入検査、指導、助言、勧告又は命令を行うに当たっては、表現の自由、

学問の自由、信教の自由及び政治活動の自由を妨げてはならない。
2　前項の規定の趣旨に照らし、個人情報保護委員会は、個人情報取扱事業者等が
第76条第1項各号に掲げる者（それぞれ当該各号に定める目的で個人情報等を取り扱う場合に限る。）に対して個人情報等を提供する行為については、その権限を行使しないものとする。

（権限の委任）
第44条　個人情報保護委員会は、緊急かつ重点的に個人情報等の適正な取扱いの確保を図る必要があることその他の政令で定める事情があるため、個人情報取扱事業者等に対し、第42条の規定による勧告又は命令を効果的に行う上で必要があると認めるときは、政令で定めるところにより、第40条第1項の規定による権限を事業所管大臣に委任することができる。
2　事業所管大臣は、前項の規定により委任された権限を行使したときは、政令で定めるところにより、その結果について個人情報保護委員会に報告するものとする。
3　事業所管大臣は、政令で定めるところにより、第1項の規定により委任された権限及び前項の規定による権限について、その全部又は一部を内閣府設置法（平成11年法律第89号）第43条の地方支分部局その他の政令で定める部局又は機関の長に委任することができる。
4　内閣総理大臣は、第1項の規定により委任された権限及び第2項の規定による権限（金融庁の所掌に係るものに限り、政令で定めるものを除く。）を金融庁長官に委任する。
5　金融庁長官は、政令で定めるところにより、前項の規定により委任された権限について、その一部を証券取引等監視委員会に委任することができる。
6　金融庁長官は、政令で定めるところにより、第4項の規定により委任された権限（前項の規定により証券取引等監視委員会に委任されたものを除く。）の一部を財務局長又は財務支局長に委任することができる。
7　証券取引等監視委員会は、政令で定めるところにより、第5項の規定により委任された権限の一部を財務局長又は財務支局長に委任することができる。
8　前項の規定により財務局長又は財務支局長に委任された権限に係る事務に関しては、証券取引等監視委員会が財務局長又は財務支局長を指揮監督する。
9　第5項の場合において、証券取引等監視委員会が行う報告又は資料の提出の要求（第7項の規定により財務局長又は財務支局長が行う場合を含む。）についての審査請求は、証券取引等監視委員会に対してのみ行うことができる。

（事業所管大臣の請求）
第45条　事業所管大臣は、個人情報取扱事業者等に前二節の規定に違反する行為があると認めるときその他個人情報取扱事業者等による個人情報等の適正な取扱いを確保するために必要があると認めるときは、個人情報保護委員会に対し、この法律の規定に従い適当な措置をとるべきことを求めることができる。

（事業所管大臣）
第46条　この節の規定における事業所管大臣は、次のとおりとする。
一　個人情報取扱事業者等が行う個人情報等の取扱いのうち雇用管理に関するものについては、厚生労働大臣（船員の雇用管理に関するものについては、国土交通大臣）及び当該個人情報取扱事業者等が行う事業を所管する大臣又は国家公安委員会（次号において「大臣等」という。）
二　個人情報取扱事業者等が行う個人情報等の取扱いのうち前号に掲げるもの以外のものについては、当該個人情報取扱事業者等が行う事業を所管する大臣等

第4節　民間団体による個人情報の保護の推進
（認定）
第47条　個人情報取扱事業者等の個人情報等の適正な取扱いの確保を目的として次に掲げる業務を行おうとする法人（法人でない団体で代表者又は管理人の定めのあるものを含む。次条第3号ロにおいて同じ。）は、個人情報保護委員会の認定を受けることができる。
一　業務の対象となる個人情報取扱事業者等（以下「対象事業者」という。）の個人情報等の取扱いに関する第52条の規定による苦情の処理
二　個人情報等の適正な取扱いに寄与する事項についての対象事業者に対する情報の提供
三　前二号に掲げるもののほか、対象事業者の個人情報等の適正な取扱いの確保に関し必要な業務
2　前項の認定を受けようとする者は、政令で定めるところにより、個人情報保護委員会に申請しなければならない。
3　個人情報保護委員会は、第1項の認定をしたときは、その旨を公示しなければならない。

（欠格条項）
第48条　次の各号のいずれかに該当する者は、前条第1項の認定を受けることができない。
一　この法律の規定により刑に処せられ、その

執行を終わり、又は執行を受けることがなくなった日から2年を経過しない者
二 第58条第1項の規定により認定を取り消され、その取消しの日から2年を経過しない者
三 その業務を行う役員(法人でない団体で代表者又は管理人の定めのあるものの代表者又は管理人を含む。以下この条において同じ。)のうちに、次のいずれかに該当する者があるもの
　イ 禁錮以上の刑に処せられ、又はこの法律の規定により刑に処せられ、その執行を終わり、又は執行を受けることがなくなった日から2年を経過しない者
　ロ 第58条第1項の規定により認定を取り消された法人において、その取消しの日前30日以内にその役員であった者でその取消しの日から2年を経過しない者

(認定の基準)
第49条 個人情報保護委員会は、第47条第1項の認定の申請が次の各号のいずれにも適合していると認めるときでなければ、その認定をしてはならない。
一 第47条第1項各号に掲げる業務を適正かつ確実に行うに必要な業務の実施の方法が定められているものであること。
二 第47条第1項各号に掲げる業務を適正かつ確実に行うに足りる知識及び能力並びに経理的基礎を有するものであること。
三 第47条第1項各号に掲げる業務以外の業務を行っている場合には、その業務を行うことによって同項各号に掲げる業務が不公正になるおそれがないものであること。

(廃止の届出)
第50条 第47条第1項の認定を受けた者(以下「認定個人情報保護団体」という。)は、その認定に係る業務(以下「認定業務」という。)を廃止しようとするときは、政令で定めるところにより、あらかじめ、その旨を個人情報保護委員会に届け出なければならない。
2 個人情報保護委員会は、前項の規定による届出があったときは、その旨を公示しなければならない。

(対象事業者)
第51条 認定個人情報保護団体は、当該認定個人情報保護団体の構成員である個人情報取扱事業者等又は認定業務の対象となることについて同意を得た個人情報取扱事業者等を対象事業者としなければならない。
2 認定個人情報保護団体は、対象事業者の氏名又は名称を公表しなければならない。

(苦情の処理)
第52条 認定個人情報保護団体は、本人その他の関係者から対象事業者の個人情報等の取扱いに関する苦情について解決の申出があったときは、その相談に応じ、申出人に必要な助言をし、その苦情に係る事情を調査するとともに、当該対象事業者に対し、その苦情の内容を通知してその迅速な解決を求めなければならない。
2 認定個人情報保護団体は、前項の申出に係る苦情の解決について必要があると認めるときは、当該対象事業者に対し、文書若しくは口頭による説明を求め、又は資料の提出を求めることができる。
3 対象事業者は、認定個人情報保護団体から前項の規定による求めがあったときは、正当な理由がないのに、これを拒んではならない。

(個人情報保護指針)
第53条 認定個人情報保護団体は、対象事業者の個人情報等の適正な取扱いの確保のために、個人情報に係る利用目的の特定、安全管理のための措置、開示等の請求等に応じる手続その他の事項又は匿名加工情報に係る作成の方法、その情報の安全管理のための措置その他の事項に関し、消費者の意見を代表する者その他の関係者の意見を聴いて、この法律の規定の趣旨に沿った指針(以下「個人情報保護指針」という。)を作成するよう努めなければならない。
2 認定個人情報保護団体は、前項の規定により個人情報保護指針を作成したときは、個人情報保護委員会規則で定めるところにより、遅滞なく、当該個人情報保護指針を個人情報保護委員会に届け出なければならない。これを変更したときも、同様とする。
3 個人情報保護委員会は、前項の規定による個人情報保護指針の届出があったときは、個人情報保護委員会規則で定めるところにより、当該個人情報保護指針を公表しなければならない。
4 認定個人情報保護団体は、前項の規定により個人情報保護指針が公表されたときは、対象事業者に対し、当該個人情報保護指針を遵守させるため必要な指導、勧告その他の措置をとらなければならない。

(目的外利用の禁止)
第54条 認定個人情報保護団体は、認定業務の実施に際して知り得た情報を認定業務の用に供する目的以外に利用してはならない。

(名称の使用制限)
第55条 認定個人情報保護団体でない者は、認定個人情報保護団体という名称又はこれに紛らわしい名称を用いてはならない。

(報告の徴収)

第56条　個人情報保護委員会は、この節の規定の施行に必要な限度において、認定個人情報保護団体に対し、認定業務に関し報告をさせることができる。
（命令）
第57条　個人情報保護委員会は、この節の規定の施行に必要な限度において、認定個人情報保護団体に対し、認定業務の実施の方法の改善、個人情報保護指針の変更その他の必要な措置をとるべき旨を命ずることができる。
（認定の取消し）
第58条　個人情報保護委員会は、認定個人情報保護団体が次の各号のいずれかに該当するときは、その認定を取り消すことができる。
一　第48条第1号又は第3号に該当するに至ったとき。
二　第49条各号のいずれかに適合しなくなったとき。
三　第54条の規定に違反したとき。
四　前条の命令に従わないとき。
五　不正の手段により第47条第1項の認定を受けたとき。
2　個人情報保護委員会は、前項の規定により認定を取り消したときは、その旨を公示しなければならない。

第5章　個人情報保護委員会

（設置）
第59条　内閣府設置法第49条第3項の規定に基づいて、個人情報保護委員会（以下「委員会」という。）を置く。
2　委員会は、内閣総理大臣の所轄に属する。
（任務）
第60条　委員会は、個人情報の適正かつ効果的な活用が新たな産業の創出並びに活力ある経済社会及び豊かな国民生活の実現に資するものであることその他の個人情報の有用性に配慮しつつ、個人の権利利益を保護するため、個人情報の適正な取扱いの確保を図ること（個人番号利用事務等実施者（行政手続における特定の個人を識別するための番号の利用等に関する法律（平成25年法律第27号。以下「番号利用法」という。）第12条に規定する個人番号利用事務等実施者をいう。）に対する指導及び助言その他の措置を講ずることを含む。）を任務とする。
（所掌事務）
第61条　委員会は、前条の任務を達成するため、次に掲げる事務をつかさどる。
一　基本方針の策定及び推進に関すること。
二　個人情報及び匿名加工情報の取扱いに関する監督並びに苦情の申出についての必要なあっせん及びその処理を行う事業者への協力に関すること（第4号に掲げるものを除く。）。（※2）
三　認定個人情報保護団体に関すること。
四　特定個人情報（番号利用法第2条第8項に規定する特定個人情報をいう。第63条第4項において同じ。）の取扱いに関する監視又は監督並びに苦情の申出についての必要なあっせん及びその処理を行う事業者への協力に関すること。
五　特定個人情報保護評価（番号利用法第27条第1項に規定する特定個人情報保護評価をいう。）に関すること。
六　個人情報の保護及び適正かつ効果的な活用についての広報及び啓発に関すること。
七　前各号に掲げる事務を行うために必要な調査及び研究に関すること。
八　所掌事務に係る国際協力に関すること。
九　前各号に掲げるもののほか、法律（法律に基づく命令を含む。）に基づき委員会に属させられた事務
（職権行使の独立性）
第62条　委員会の委員長及び委員は、独立してその職権を行う。
（組織等）
第63条　委員会は、委員長及び委員8人をもって組織する。
2　委員のうち4人は、非常勤とする。
3　委員長及び委員は、人格が高潔で識見の高い者のうちから、両議院の同意を得て、内閣総理大臣が任命する。
4　委員長及び委員には、個人情報の保護及び適正かつ効果的な活用に関する学識経験のある者、消費者の保護に関して十分な知識と経験を有する者、情報処理技術に関する学識経験のある者、特定個人情報が利用される行政分野に関する学識経験のある者、民間企業の実務に関して十分な知識と経験を有する者並びに連合組織（地方自治法（昭和22年法律第67号）第263条の3第1項の連合組織で同項の規定による届出をしたものをいう。）の推薦する者が含まれるものとする。
（任期等）
第64条　委員長及び委員の任期は、5年とする。ただし、補欠の委員長又は委員の任期は、前任者の残任期間とする。
2　委員長及び委員は、再任されることができる。2第61条第2号は、行政機関等の保有する個人情報の適正かつ効果的な活用による新たな産業の創出並びに活用ある経済社会及び豊かな国民生活の実現に資するための関係法律の整備

に関する法律の施行の日以降、「個人情報取扱事業者における個人情報の取扱い並びに個人情報取扱事業者及び匿名加工情報取扱事業者における匿名加工情報の取扱いに関する監督、行政機関の保有する個人情報の保護に関する法律第2条第1項に規定する行政機関における同条第9項に規定する行政機関非識別加工情報（同条第10項に規定する行政機関非識別加工情報ファイルを構成するものに限る。）の取扱いに関する監視、独立行政法人等における独立行政法人等の保有する個人情報の保護に関する法律第2条第9項に規定する独立行政法人等非識別加工情報（同条第10項に規定する独立行政法人等非識別加工情報ファイルを構成するものに限る。）の取扱いに関する監督並びに個人情報及び匿名加工情報の取扱いに関する苦情の申出についての必要なあっせん及びその処理を行う事業者への協力に関すること（第4号に掲げるものを除く。）。」となります（下線部分が改正部分）。

3　委員長及び委員の任期が満了したときは、当該委員長及び委員は、後任者が任命されるまで引き続きその職務を行うものとする。

4　委員長又は委員の任期が満了し、又は欠員を生じた場合において、国会の閉会又は衆議院の解散のために両議院の同意を得ることができないときは、内閣総理大臣は、前条第3項の規定にかかわらず、同項に定める資格を有する者のうちから、委員長又は委員を任命することができる。

5　前項の場合においては、任命後最初の国会において両議院の事後の承認を得なければならない。この場合において、両議院の事後の承認が得られないときは、内閣総理大臣は、直ちに、その委員長又は委員を罷免しなければならない。

（身分保障）
第65条　委員長及び委員は、次の各号のいずれかに該当する場合を除いては、在任中、その意に反して罷免されることがない。
　一　破産手続開始の決定を受けたとき。
　二　この法律又は番号利用法の規定に違反して刑に処せられたとき。
　三　禁錮以上の刑に処せられたとき。
　四　委員会により、心身の故障のため職務を執行することができないと認められたとき、又は職務上の義務違反その他委員長若しくは委員たるに適しない非行があると認められたとき。

（罷免）
第66条　内閣総理大臣は、委員長又は委員が前条各号のいずれかに該当するときは、その委員長又は委員を罷免しなければならない。

（委員長）
第67条　委員長は、委員会の会務を総理し、委員会を代表する。
2　委員会は、あらかじめ常勤の委員のうちから、委員長に事故がある場合に委員長を代理する者を定めておかなければならない。

（会議）
第68条　委員会の会議は、委員長が招集する。
2　委員会は、委員長及び4人以上の委員の出席がなければ、会議を開き、議決をすることができない。
3　委員会の議事は、出席者の過半数でこれを決し、可否同数のときは、委員長の決するところによる。
4　第65条第4号の規定による認定をするには、前項の規定にかかわらず、本人を除く全員の一致がなければならない。5　委員長に事故がある場合の第2項の規定の適用については、前条第2項に規定する委員長を代理する者は、委員長とみなす。

（専門委員）
第69条　委員会に、専門の事項を調査させるため、専門委員を置くことができる。
2　専門委員は、委員会の申出に基づいて内閣総理大臣が任命する。
3　専門委員は、当該専門の事項に関する調査が終了したときは、解任されるものとする。
4　専門委員は、非常勤とする。

（事務局）
第70条　委員会の事務を処理させるため、委員会に事務局を置く。
2　事務局に、事務局長その他の職員を置く。
3　事務局長は、委員長の命を受けて、局務を掌理する。

（政治運動等の禁止）
第71条　委員長及び委員は、在任中、政党その他の政治団体の役員となり、又は積極的に政治運動をしてはならない。
2　委員長及び常勤の委員は、在任中、内閣総理大臣の許可のある場合を除くほか、報酬を得て他の職務に従事し、又は営利事業を営み、その他金銭上の利益を目的とする業務を行ってはならない。

（秘密保持義務）
第72条　委員長、委員、専門委員及び事務局の職員は、職務上知ることのできた秘密を漏らし、又は盗用してはならない。その職務を退いた後も、同様とする。

（給与）
第73条　委員長及び委員の給与は、別に法律で定める。

（規則の制定）
第74条　委員会は、その所掌事務について、法律若しくは政令を実施するため、又は法律若しくは政令の特別の委任に基づいて、個人情報保護委員会規則を制定することができる。

第6章　雑則

（適用範囲）
第75条　第15条、第16条、第18条（第2項を除く。）、第19条から第25条まで、第27条から第36条まで、第41条、第42条第1項、第43条及び次条の規定は、国内にある者に対する物品又は役務の提供に関連してその者を本人とする個人情報を取得した個人情報取扱事業者が、外国において当該個人情報又は当該個人情報を用いて作成した匿名加工情報を取り扱う場合についても、適用する。

（適用除外）
第76条　個人情報取扱事業者等のうち次の各号に掲げる者については、その個人情報等を取り扱う目的の全部又は一部がそれぞれ当該各号に規定する目的であるときは、第4章の規定は、適用しない。
　一　放送機関、新聞社、通信社その他の報道機関（報道を業として行う個人を含む。）　報道の用に供する目的
　二　著述を業として行う者　著述の用に供する目的
　三　大学その他の学術研究を目的とする機関若しくは団体又はそれらに属する者　学術研究の用に供する目的
　四　宗教団体　宗教活動（これに付随する活動を含む。）の用に供する目的
　五　政治団体　政治活動（これに付随する活動を含む。）の用に供する目的
2　前項第1号に規定する「報道」とは、不特定かつ多数の者に対して客観的事実を事実として知らせること（これに基づいて意見又は見解を述べることを含む。）をいう。
3　第1項各号に掲げる個人情報取扱事業者等は、個人データ又は匿名加工情報の安全管理のために必要かつ適切な措置、個人情報等の取扱いに関する苦情の処理その他の個人情報等の適正な取扱いを確保するために必要な措置を自ら講じ、かつ、当該措置の内容を公表するよう努めなければならない。

（地方公共団体が処理する事務）
第77条　この法律に規定する委員会の権限及び第44条第1項又は第4項の規定により事業所管大臣又は金融庁長官に委任された権限に属する事務は、政令で定めるところにより、地方公共団体の長その他の執行機関が行うこととすることができる。

（外国執行当局への情報提供）
第78条　委員会は、この法律に相当する外国の法令を執行する外国の当局（以下この条において「外国執行当局」という。）に対し、その職務（この法律に規定する委員会の職務に相当するものに限る。次項において同じ。）の遂行に資すると認める情報の提供を行うことができる。
2　前項の規定による情報の提供については、当該情報が当該外国執行当局の職務の遂行以外に使用されず、かつ、次項の規定による同意がなければ外国の刑事事件の捜査（その対象たる犯罪事実が特定された後のものに限る。）又は審判（同項において「捜査等」という。）に使用されないよう適切な措置がとられなければならない。
3　委員会は、外国執行当局からの要請があったときは、次の各号のいずれかに該当する場合を除き、第1項の規定により提供した情報を当該要請に係る外国の刑事事件の捜査等に使用することについて同意をすることができる。
　一　当該要請に係る刑事事件の捜査等の対象とされている犯罪が政治犯罪であるとき、又は当該要請が政治犯罪について捜査等を行う目的で行われたものと認められるとき。
　二　当該要請に係る刑事事件の捜査等の対象とされている犯罪に係る行為が日本国内において行われたとした場合において、その行為が日本国の法令によれば罪に当たるものでないとき。
　三　日本国が行う同種の要請に応ずる旨の要請国の保証がないとき。
4　委員会は、前項の同意をする場合においては、あらかじめ、同項第1号及び第2号に該当しないことについて法務大臣の確認を、同項第3号に該当しないことについて外務大臣の確認を、それぞれ受けなければならない。

（国会に対する報告）
第79条　委員会は、毎年、内閣総理大臣を経由して国会に対し所掌事務の処理状況を報告するとともに、その概要を公表しなければならない。

（連絡及び協力）
第80条　内閣総理大臣及びこの法律の施行に関係する行政機関（法律の規定に基づき内閣に置かれる機関（内閣府を除く。）及び内閣の所轄の下に置かれる機関、内閣府、宮内庁、内閣府設置法第49条第1項及び第2項に規定する機関並びに国家行政組織法（昭和23年法律第120号）第3条第2項に規定する機関をいう。）の長は、相互に緊密に連絡し、及び協力しなければならない。

(政令への委任)
第81条　この法律に定めるもののほか、この法律の実施のため必要な事項は、政令で定める。

第7章　罰則

第82条　第72条の規定に違反して秘密を漏らし、又は盗用した者は、2年以下の懲役又は100万円以下の罰金に処する。

第83条　個人情報取扱事業者(その者が法人(法人でない団体で代表者又は管理人の定めのあるものを含む。第87条第1項において同じ。)である場合にあっては、その役員、代表者又は管理人)若しくはその従業者又はこれらであった者が、その業務に関して取り扱った個人情報データベース等(その全部又は一部を複製し、又は加工したものを含む。)を自己若しくは第三者の不正な利益を図る目的で提供し、又は盗用したときは、1年以下の懲役又は50万円以下の罰金に処する。

第84条　第42条第2項又は第3項の規定による命令に違反した者は、6月以下の懲役又は30万円以下の罰金に処する。

第85条　次の各号のいずれかに該当する者は、30万円以下の罰金に処する。
一　第40条第1項の規定による報告若しくは資料の提出をせず、若しくは虚偽の報告をし、若しくは虚偽の資料を提出し、又は当該職員の質問に対して答弁をせず、若しくは虚偽の答弁をし、若しくは検査を拒み、妨げ、若しくは忌避した者
二　第56条の規定による報告をせず、又は虚偽の報告をした者

第86条　第82条及び第83条の規定は、日本国外においてこれらの条の罪を犯した者にも適用する。

第87条　法人の代表者又は法人若しくは人の代理人、使用人その他の従業者が、その法人又は人の業務に関して、第83条から第85条までの違反行為をしたときは、行為者を罰するほか、その法人又は人に対しても、各本条の罰金刑を科する。

2　法人でない団体について前項の規定の適用がある場合には、その代表者又は管理人が、その訴訟行為につき法人でない団体を代表するほか、法人を被告人又は被疑者とする場合の刑事訴訟に関する法律の規定を準用する。

第88条　次の各号のいずれかに該当する者は、10万円以下の過料に処する。
一　第26条第2項又は第55条の規定に違反した者
二　第50条第1項の規定による届出をせず、又は虚偽の届出をした者

個人情報の保護に関する基本方針

平成16年4月2日	閣議決定
平成20年4月25日	一部変更
平成21年9月1日	一部変更
平成28年2月28日	一部変更
平成28年10月28日	一部変更

政府は、個人情報の保護に関する法律（平成15年法律第57号。以下「法」という。）第7条第1項の規定に基づき、「個人情報の保護に関する基本方針」（以下「基本方針」という。）を策定する。基本方針は、個人情報の適正かつ効果的な活用が新たな産業の創出並びに活力ある経済社会及び豊かな国民生活の実現に資するものであることその他の個人情報の有用性に配慮しつつ、個人の権利利益を保護するという法の目的を実現するため、個人情報の保護に関する施策の推進の基本的な方向及び国が講ずべき措置を定めるとともに、地方公共団体、個人情報取扱事業者等が講ずべき措置の方向性を示すものであり、政府として、官民の幅広い主体が、この基本方針に則して、個人情報の保護及び適正かつ効果的な活用の促進のための具体的な実践に取り組むことを要請するものである。

1 個人情報の保護に関する施策の推進に関する基本的な方向

（1）個人情報をめぐる状況

近年、情報通信技術の飛躍的な進展により、多種多様かつ膨大なデータ、いわゆるビッグデータの収集・分析が可能となり、このことが、新産業・新サービスの創出や我が国発のイノベーション創出に寄与するものと期待されている。特に、個人の行動・状態等に関する情報については、高度な情報通信技術を用いた方法により、個人の利益のみならず公益のために活用することが可能となってきており、その利用価値は高いとされている。

一方、個人情報及びプライバシーという概念が世の中に広く認識されるとともに、高度な情報通信技術の活用により自分の個人情報が悪用されるのではないか、これまで以上に十分な注意を払って個人情報を取り扱ってほしいなどの消費者の意識が高まっており、保護されるべき個人情報が適正に取り扱われ、消費者の安心・安全を確保することが求められている。

また、経済・社会活動のグローバル化及び情報通信技術の進展に伴い、個人情報を含むデータの国境を越えた流通が増えており、国際的にも個人情報を保護しつつ、円滑なデータ流通を確保することが求められている。

このような状況を踏まえ、個人情報の保護に関する法律及び行政手続における特定の個人を識別するための番号の利用等に関する法律の一部を改正する法律（平成27年法律第65号。以下「改正法」という。）が平成27年9月3日に成立し、9月9日に公布され、個人情報の保護に関する独立した機関として、個人情報保護委員会が平成28年1月1日に設置された。

（2）法の理念と制度の考え方

法第3条は、個人情報が個人の人格と密接な関連を有するものであり、個人が「個人として尊重される」ことを定めた憲法第13条の下、慎重に取り扱われるべきことを示すとともに、個人情報を取り扱う者は、その目的や態様を問わず、このような個人情報の性格と重要性を十分認識し、その適正な取扱いを図らなければならないとの基本理念を示している。国の行政機関、地方公共団体、事業者等の各主体においては、この基本理念を十分に踏まえるとともに、以下に掲げる制度の考え方を基に、法の目的を実現するため、個人情報の保護及び適正かつ効果的な活用の促進に取り組む必要がある。

① 個人情報の保護と有用性への配慮

法は、経済・社会の情報化の進展に伴い個人情報の利用が拡大している中で、法第3条の基本理念に則し、プライバシーの保護を含めた個人の権利利益を保護することを目的としており、他方、情報通信技術の活用による個人情報の多様な利用が、個人のニーズの事業への的確な反映や迅速なサービス等の提供を実現し、事業活動等の面でも、国民生活の面でも欠かせないものとなっていることに配慮しているところである。

個人情報の保護と有用性に関するこの法の考え方は、実際の個人情報の取扱いにおいても、十分に踏まえる必要があり、個人情報の保護に関する施策を推進するに当たっては、個人情報の保護と適正かつ効果的な活用のバランスを考慮した取組が求められる。

② 法の正しい理解を促進するための取組

1の（2）の①の個人情報の保護と有用性に関する法の考え方が、実際の個人情報の取扱いにおいて十分に反映され、社会的な必要性があるにもかかわらず、法の定め以上に個人情報の提供を控えたり、運用上作成可能な名簿の作成を取りやめたりするようなことを防ぐためには、個人情報を取り扱う各主体及び個人情報によって識別される特定の個人

(以下「本人」という。)の双方における法の正しい理解が不可欠である。

国は、事業者及び国民に対する広報・啓発に積極的に取り組むとともに、法の適切な運用等により、個人情報の保護及び適正かつ効果的な活用の促進を図っていくものとする。また、各地方公共団体においては、住民等へ周知するための積極的な広報活動に取り組むとともに、法の趣旨にのっとり、条例の適切な解釈・運用を行うことが求められる。その際、改正法の施行により新たに法の適用対象となる、個人情報を取り扱う件数の少ない事業者に対しては、より丁寧な広報活動を行うことが求められる。

　③　**各事業者の自律的な取組と各主体の連携**
　　高度情報通信社会においては、業態業種を問わず、あらゆる分野において、情報通信技術を活用した大量かつ多様な個人情報が広く利用されるようになっている。このため、法は、個人情報を事業の用に供する者を広く対象として、個人情報の取扱いに関して共通する必要最小限のルールを定めるとともに、個人情報を取り扱う者において、それぞれの事業等の分野の実情に応じて、自律的に個人情報の適正な取扱いが確保されることを期待している。また、こうした事業者の自律的な取組に関しては、国の行政機関等の支援が重要であり、法は、国が事業者等による取組への支援、苦情処理のための措置を講ずべきことを定めるとともに、個人情報保護委員会が、事業者における個人情報の取扱いについて監督する権限と責任を有する仕組みを採っているが、こうした複層的な措置の整合性を図りながら実効性を確保していくためには、事業者、地方公共団体、国の行政機関等が相協力し、連携を確保していくことが重要である。

(3)　**国際的な協調**
　経済・社会活動のグローバル化及び情報通信技術の進展に伴い、個人情報を含むデータの国境を越えた流通が増えており、このような状況の変化に対応するため、経済協力開発機構（OECD）、アジア太平洋経済協力（APEC）等において、個人情報の保護に関する情報交換や越境執行協力等を目的とした国際的な枠組みが構築されている。このような取組を踏まえ、国際的な協調を図っていくとともに、併せて我が国の法制度についても国際的な理解を求めていくことが重要である。

(4)　**情報セキュリティ対策の取組**
　情報通信技術が、国民生活や事業活動、社会インフラ等のあらゆる領域において不可欠な基盤となっている一方、サイバー攻撃等が個人・組織の情報及び財産に重大な被害や影響を及ぼすなど、その脅威は年々高まってきている。
　このような状況を踏まえ、個人情報の漏えいのリスクを軽減するためには、個人情報を取り扱う各主体が自ら進んで情報セキュリティに関する意識・リテラシーを高め、主体的にその対策に取り組むことが重要である。

2　国が講ずべき個人情報の保護のための措置に関する事項
(1)　**各行政機関の保有する個人情報の保護の推進**
　国の行政機関が保有する個人情報の保護については、行政機関の保有する個人情報の保護に関する法律（平成15年法律第58号。以下「行政機関個人情報保護法」という。）を適切に運用するため、同法の運用の統一性、法適合性を確保する立場にある総務省は、「行政機関の保有する個人情報の適切な管理のための措置に関する指針」（平成16年9月14日総務省行政管理局長通知）を策定し、個人情報の漏えい等の事案の発生を踏まえた必要な改正を行い、個人情報の適切な管理を徹底してきたところであり、引き続き、各行政機関及び国民に対して、パンフレットの配布や説明会の実施等を行い同法の周知を図るとともに、施行状況の概要の公表等国民に対する情報提供を行い制度の運用の透明性を確保する。
　また、各行政機関は、総務省が策定する指針等を参考に、その保有する個人情報の取扱いの実情に即した個人情報の適切な管理に関する定め等の整備を行っているところであるが、引き続き、①職員への教育研修、②適切な情報セキュリティシステムの整備、③管理体制や国民に対する相談等窓口の整備、④個人情報の適切な管理を図るために講ずる措置等に関する情報の提供を行う。
　なお、国の行政機関における個人情報の提供については、行政機関個人情報保護法上、必要性が認められる場合は、個人情報の公表等は可能となっており、情報提供の意義を踏まえた上で、同法の適切な運用を図るものとする。
　国の行政機関が作成、提供する行政機関非識別加工情報については、個人情報の適正かつ効果的な活用が新たな産業の創出等に資するものであることを踏まえつつ、個人の権利利益を保護するため、行政機関個人情報保護法の適切な運用を図るものとする。

(2)　**事業者の保有する個人情報の保護の推進**
　①　**個人情報の保護の推進に関する施策**
　　事業者の保有する個人情報又は匿名加工情報（以下「個人情報等」という。）について、

個人情報等の性質や利用方法等の実態に応じた適正な取扱いの実効性を確保するためには、法の定めるルールが各分野に共通する必要最小限のものであることを踏まえ、認定個人情報保護団体における個人情報保護指針の策定等及びこれを踏まえた事業者の自主的な取組が進められることが、なお一層期待されるところである。

このため、個人情報保護委員会は、全ての事業等分野に共通して適用されるガイドラインを策定するとともに、認定個人情報保護団体が主体的に行う個人情報保護指針の策定等に対しても、情報の提供、助言等の支援を行うものとする。その際、特に小規模の事業者の事業活動が円滑に行われるよう配慮するとともに、法第1条の趣旨を踏まえ、個人情報の保護と適正かつ効果的な活用のバランスを考慮した取組を行うものとする。

② 個別の事案への対応

大規模な漏えい等個別の事案が発生した場合、個人情報保護委員会は、個人情報等の適正な取扱いを確保するため、必要な情報の収集に努めるとともに、当該個別の事案の被害の広がりや社会的な影響を踏まえ、迅速に法第4章の規定に基づく措置等の検討を行う。

また、個人情報保護委員会は、事業者に対する勧告又は命令を効果的に行う上で必要があると認めるときは、事業所管大臣に対して報告徴収又は立入検査の権限を委任することができることとされており、必要に応じて、権限を委任することを含め、事業所管大臣と連携した対応を行うものとする。

さらに、法第80条の趣旨を踏まえ、個人情報保護委員会及び事業所管大臣は、権限の委任の有無にかかわらず、法違反が疑われる事実を把握した場合や、権限を行使して事案に対処した場合等には、相互に情報共有を行うとともに、個人情報保護委員会と事業所管大臣間で、複数の事業所管大臣に委任された権限を行使する際には事業所管大臣間で、重畳的な執行を回避すべく緊密な連携・調整を行うものとする。

③ 広報・啓発、情報提供等に関する方針

法は、個人情報等を利用する事業者に対して事業等の分野、利用の目的を問わず幅広く個人情報等の取扱いに関する義務を課すとともに、本人が開示、訂正、利用停止に係る請求権を行使できる等、事業者の個人情報等の取扱いに関与する仕組みを採っている。個人情報の有用性に配慮しつつ、個人の権利利益を保護することを目的とする法の考え方が正しく理解され、個人情報の保護及び適正かつ効果的な活用の実効性が確保されるためには、事業者及び国民に対して法制度の周知を徹底することが極めて重要である。

このため、個人情報保護委員会は、事業者及び国民に十分な情報提供が行われるよう、多様な媒体を用いて、広報・啓発に積極的に取り組むものとする。また、各省庁においても、必要に応じて個人情報保護委員会に協力し、所管する分野における広報・啓発に取り組むものとする。

(3) 個人情報保護委員会の活動状況等の公表

個人情報保護委員会は、毎年、法第4章に基づく報告の徴収、助言等の規定の実施の状況のほか、苦情の処理等の取組状況、事業者における個人情報漏えい等事案の状況等について、必要に応じて関係機関の協力を得て、内容を取りまとめ、その概要を公表するものとする。

(4) 個人情報の保護及び円滑な流通を確保するための国際的な取組

1の(3)の国際的な協調の観点から、個人情報保護委員会において、個人情報の保護を図りつつ、国際的なデータ流通が円滑に行われるための環境を整備するため、国際的な協力の枠組みへの参加、各国執行当局との協力関係の構築等に積極的に取り組むものとする。

3 地方公共団体が講ずべき個人情報の保護のための措置に関する基本的な事項

(1) 地方公共団体の保有する個人情報の保護の推進

地方公共団体の保有する個人情報の保護については、法第11条第1項の趣旨を踏まえ、個人情報の保護に関する条例の制定又は見直しに取り組む必要がある。

条例の制定又は見直しに当たっては、法及び行政機関個人情報保護法等の内容を踏まえるとともに、特に、行政機関個人情報保護法を参考としつつ、個人情報の定義の明確化、要配慮個人情報の取扱い、非識別加工情報を提供するための仕組みの整備等の事項について留意することが求められる。

国は、地方公共団体における条例の制定又は見直しに向けた検討が行われる場合に、その円滑な検討に資するよう、必要な情報の提供を行うなど、地方公共団体に対して協力を行うものとする。

(2) 広報・啓発等住民・事業者等への支援

① 広報・啓発等住民・事業者等への支援の在り方

個人情報保護の推進において、住民・事業者に身近な行政を担う地方公共団体の役割は

重要であり、法では、区域内の実情に応じて、住民・事業者への支援や苦情の処理のあっせん等に対して必要な措置を講ずるよう努めなければならないものとされている。

各地方公共団体においては、個人情報保護の理念や具体的な仕組み等を住民等へ周知するための積極的な広報活動に取り組むとともに、区域内の事業者等の主体的な取組を促進するため、事業者からの相談等に適切に対応することが求められる。

また、個人情報の取扱いに係る事業者と本人の間のルールについて、地方公共団体の取組は、区域の特性に応じた措置として重要であるが、その運用は、法及び個人情報保護委員会のガイドライン等との整合性に配慮する必要がある。また、地方公共団体がその実情に応じて講じようとする措置については、事業者等の活動が、全国等の広域にわたることがあり得ることを考慮し、他の地方公共団体との連携に留意するとともに、特に、事業者等に新たな義務を課すこととなる場合には、当該地方公共団体の区域の特性と条例・規則の内容等を十分説明し、理解を求めていくことが重要である。

② 地方公共団体の部局間の相互連携

地方公共団体は、法の施行に関し、自ら保有する個人情報の保護、その区域内の事業者等への支援、苦情の処理のあっせん等、さらには、法第77条及び個人情報の保護に関する法律施行令（平成15年政令第507号。以下「令」という。）第21条の規定により事業所管大臣又は金融庁長官（以下「事業所管大臣等」という。）に委任された権限を行使することまで、広範で多様な施策の実施が求められている。地方公共団体においては、こうした多様な施策は、個人情報の保護に関する条例の所管部局、住民からの苦情の相談を担う部局、各事業・事業者の振興・支援を担う部局等相当数の部局にまたがるものと見込まれるが、個人情報に関する住民の権利利益の保護の実効性を確保するためには、広範な施策が一体的・総合的に講じられるよう、関係部局が相互に十分な連携を図る必要がある。

また、事業者からの相談や住民からの苦情等の相談の利便性の観点から、連携体制の確保に併せて、関係部局間の役割分担と窓口を明らかにして、これを公表すること等により周知することが望まれる。

(3) 国・地方公共団体の連携の在り方

事業者に対する報告の徴収等の事業所管大臣等に委任された権限については、法第77条及び令第21条の定めるところにより、地方公共団体がその事務を処理することとされるものがあるが、他方、地方公共団体の区域をまたがって事業者が活動している場合等においては、地方公共団体が十分に事業者の事業活動を把握することが難しいことも考えられる。このため、地方公共団体と事業所管大臣等は、基本方針に基づく各窓口を活用し、十分な連携を図ることとし、地方公共団体は、事業所管大臣等に必要な情報の提供等の協力を求めるとともに、事業所管大臣等は、必要な場合には、令第21条第2項に基づき自ら権限を行使するものとする。

また、法制度についての広報・啓発、苦情の相談等の業務についても、住民や事業者等に混乱を生じさせないよう、国と地方公共団体が相協力することが重要であり、このため、個人情報保護委員会及び独立行政法人国民生活センターは、広報資料や苦情処理マニュアル等の情報の提供を図るとともに、各窓口の活用により個別の相談事例から得られる知見を蓄積し、その共有を図るものとする。

4 独立行政法人等が講ずべき個人情報の保護のための措置に関する基本的な事項

独立行政法人等が保有する個人情報の保護については、独立行政法人等の保有する個人情報の保護に関する法律（平成15年法律第59号。以下「独立行政法人等個人情報保護法」という。）を適切に運用するため、同法の運用の統一性、法適合性を確保する立場にある総務省は、「独立行政法人等の保有する個人情報の適切な管理のための措置に関する指針」（平成16年9月14日総務省行政管理局長通知）を策定し、個人情報の漏えい等の事案の発生を踏まえた必要な改正を行い、個人情報の適切な管理を徹底してきたところであり、引き続き、各行政機関、独立行政法人等及び国民に対して、パンフレットの配布や説明会の実施等を行い同法の周知を図るとともに、施行状況の概要の公表等国民に対する情報提供を行い制度の運用の透明性を確保する。

また、各行政機関は、所管する独立行政法人等に対して、その業務運営における自主性に十分配慮しながら、必要な指導、助言、監督を行う。

独立行政法人等は、総務省が策定する指針等を参考に、その保有する個人情報の取扱いの実情に即した個人情報の適切な管理に関する定め等の整備を行っているところであるが、引き続き、①職員への教育研修、②適切な情報セキュリティシステムの整備、③管理体制や国民に対する相談等窓口の整備、④個人情報の適切な管理を図るために講ずる措置等に関する情報の提

供を行う。
　なお、独立行政法人等における個人情報の提供については、独立行政法人等個人情報保護法上、必要性が認められる場合は、個人情報の公表等は可能となっており、情報提供の意義を踏まえた上で、同法の適切な運用を図るものとする。
　独立行政法人等が作成、提供する独立行政法人等非識別加工情報については、個人情報の適正かつ効果的な活用が新たな産業の創出等に資するものであることを踏まえつつ、個人の権利利益を保護するため、独立行政法人等個人情報保護法の適切な運用を図るものとする。
5　地方独立行政法人が講ずべき個人情報の保護のための措置に関する基本的な事項
　地方独立行政法人における個人情報の保護について、地方公共団体は、法第11条第2項において、必要な措置をとることが求められている。これを踏まえ、各地方公共団体は、その設立に係る地方独立行政法人の性格及び業務内容に応じ、各団体が制定する個人情報保護条例において所要の規定を整備する等、適切な個人情報の保護措置が講じられるように取り組むことが求められる。
6　個人情報取扱事業者等が講ずべき個人情報の保護のための措置に関する基本的な事項
（1）個人情報取扱事業者が取り扱う個人情報に関する事項
　個人情報取扱事業者は、法の規定に従うほか、2の（2）の①個人情報保護委員会のガイドライン、認定個人情報保護団体の個人情報保護指針等に則し、例えば、消費者の権利利益を一層保護する観点から、個人情報保護を推進する上での考え方や方針（いわゆる、プライバシーポリシー、プライバシーステートメント等）を対外的に明確化するなど、個人情報の保護及び適正かつ効果的な活用について主体的に取り組むことが期待されているところであり、体制の整備等に積極的に取り組んでいくことが求められている。その際、事業の規模及び性質、個人データの取扱状況等に応じて、各事業者において適切な取組が実施されることが重要である。
（2）個人情報取扱事業者及び匿名加工情報取扱事業者が取り扱う匿名加工情報に関する事項
　匿名加工情報に関する制度は、近年の情報通信技術の飛躍的な進展に対応したパーソナルデータの適正かつ効果的な活用を推進するために導入された制度であり、事業者において、この趣旨を踏まえた積極的な匿名加工情報の活用が期待される。その際、匿名加工情報の取扱いに関して消費者の安心感・信頼感を得られるよう、事業者において、法の規定に従うほか、個人情報保護委員会のガイドライン、認定個人情報保護団体の個人情報保護指針等に則し、自主的な取組を実施するものとする。
（3）認定個人情報保護団体に関する事項
　①　認定個人情報保護団体に期待される役割
　認定個人情報保護団体は、個人情報等の取扱いに関して、事業者自身による苦情処理の取組を補完し、問題の自主的、実際的な解決を図るとともに、個人情報の保護及び適正かつ効果的な活用を図るため、6の（3）の②にあるように、個人情報保護指針を策定し、それが公表されたときは、対象事業者に対して当該指針を遵守させるため必要な指導、勧告等の措置をとることが義務付けられている等、民間部門における主体的な取組を促進する上で、極めて重要な役割が求められている。
　また、事業者の実態に応じた法の適切な運用等を推進するために、認定個人情報保護団体が、対象事業者の運用実態や課題等の情報を収集し、それを個人情報保護委員会と共有するといった役割も期待されるところであり、このような仕組みが十分に活用されることが必要である。
　②　個人情報保護指針等の策定・見直し
　個人情報等の取扱いに関する事業等分野別の取組においては、認定個人情報保護団体が策定する個人情報保護指針等に、各事業者の取組を促進する上での重要な役割が期待されている。このため、認定個人情報保護団体等においては、消費者の意見を代表する者その他の関係者の意見を聴いた上で、事業等分野の実情に応じた公正・透明な個人情報保護指針等の策定・見直しに努めていくことが望まれ、その際、法第1条の趣旨を踏まえ、個人情報の保護と適正かつ効果的な活用のバランスを考慮した取組が求められる。特に、匿名加工情報の作成方法等に関しては、情報の種類・性質に応じた適切な取扱いを定める指針等を策定することが望まれる。
　個人情報保護委員会においては、認定個人情報保護団体等のニーズに応じて、2の（2）の①により必要な支援を行うものとする。
7　個人情報の取扱いに関する苦情の円滑な処理に関する事項
　個人情報等の利用・提供あるいは開示・不開示に関する本人の不平や不満は、訴訟等によるのではなく、事案の性質により、迅速性・経済性等の観点から、むしろ苦情処理の制度によって解決することが適当なものが多いと考えられる。法は、苦情処理による消費者の権利利益の

保護の実効性を確保するため、事業者自身の取組により苦情を解決することを基本としつつ、認定個人情報保護団体、地方公共団体等が苦情の処理に関わる複層的な仕組みを採っている。この仕組みが円滑に機能するためには、これらの関係機関がそれぞれの役割分担に応じて適切に取り組むとともに、緊密な連携を確保することが必要である。

（1）事業者自身による取組の在り方

法は、苦情処理について、まず、第一に事業者の責任において適切かつ迅速な処理に努めるべきことを明らかにしている。こうした責務を全うするため、事業者には、必要な体制整備として苦情受付窓口の設置、苦情処理手順の策定等が求められる。

（2）認定個人情報保護団体の取組の在り方

認定個人情報保護団体の苦情処理は、各事業者が行う取組を補完し、消費者の利益を効率的・効果的に実現する重要な役割が期待される。このため、認定個人情報保護団体は、本人その他の関係者からの様々な苦情に簡易・迅速に対応し、公正な第三者としての立場から消費者の期待に応えられるよう、人材の養成・確保を含む体制を整備することが求められる。

（3）地方公共団体における取組の在り方

地方公共団体の担う苦情の処理のあっせん等は、当事者間で問題が解決されない場合等において、事業等分野を問わない苦情処理の仕組みとして、苦情の処理のあっせん、助言、指導、情報提供等の役割が求められている。

地方公共団体が苦情の処理のあっせん等に取り組むに当たっては、広く住民一般に分かりやすく、なじみやすい対応が求められる。その際、個人情報等に関する苦情の相当部分は、事業者が消費者の個人情報等を利用した結果として起こる消費生活上の苦情であると考えられること、相談者の立場からは、消費生活に関する苦情から個人情報等の問題だけを取り出して相談することは容易でなくまた不便であることから、既存の消費生活センターや消費者相談窓口等を個人情報等に関する苦情の窓口とし、これを軸に各事業・事業者の振興・支援を担う部局等の関係部局が実効のある連携を確保する仕組みが、相談者の利便性等の観点から望まれる。

なお、地方公共団体において、条例等に基づき別の苦情窓口を定めている場合等、直ちに上記の仕組みにより難い場合においては、特に、窓口と関係部局の役割分担を明確化し、周知を図るとともに、消費生活センター等に寄せられる苦情の移送等の仕組みを十分に確保する必要がある。

（4）国民生活センターにおける取組

各地方公共団体や認定個人情報保護団体等に寄せられる苦情が住民・事業者の混乱を招かず円滑に処理されるためには、消費生活センター等の相談員の個人情報等に関する専門知識の習得を進めるとともに、苦情相談機関等における知見の蓄積とその活用が重要である。

このため、国民生活センターは、自ら個人情報等に関する苦情相談に取り組むほか、消費生活センター等の苦情相談機関等と連携を図りつつ、研修等の実施による専門知識を有する相談員の育成、苦情処理に関するマニュアルの作成・配布等により、窓口対応の強化を支援する。また、こうした取組に当たっては、必要に応じて、認定個人情報保護団体等の協力を得ながら実施するとともに、認定個人情報保護団体等へのマニュアルの配布やその職員の研修等への参加を図るものとする。

また、国民生活センターは、個人情報等に関する苦情相談の事例を集約・分析し、対応事例集等の資料を作成すること等により、苦情相談機関等における個別の相談事例から得られる知見を蓄積し、その共有を図るものとする。

（5）個人情報保護委員会における取組

個人情報保護委員会は、自ら個人情報等に関する苦情の申出についての必要なあっせんに取り組むほか、苦情相談機関等において適切かつ迅速に苦情処理を行うことができるよう、個人情報等に関する専門知識や対応事例集等を共有するとともに、苦情相談機関等から個別事案への対応について相談を受けた場合には、必要に応じて、助言・対応の協力等を行うものとする。悪質な事業者に関しては、苦情相談機関等と連携して、情報収集を行うとともに、必要に応じて、個人情報保護委員会の対応等について情報を提供するものとする。また、苦情相談機関等の窓口等に関する情報を収集・整理し、インターネットの活用等により公表する。

8　その他個人情報の保護に関する施策の推進に関する重要事項

個人情報保護委員会は、改正法附則第12条に基づき、個人情報の保護に関する国際的動向、情報通信技術の進展、それに伴う個人情報を活用した新たな産業の創出及び発展の状況等を勘案し、法の施行の状況について検討を加え、必要があると認めるときは、その結果に基づいて所要の措置を講ずるものとする。

個人情報の保護に関する法律施行令 （平成15年政令第507号）

（個人識別符号）

第1条　個人情報の保護に関する法律（以下「法」という。）第2条第2項の政令で定める文字、番号、記号その他の符号は、次に掲げるものとする。

一　次に掲げる身体の特徴のいずれかを電子計算機の用に供するために変換した文字、番号、記号その他の符号であって、特定の個人を識別するに足りるものとして個人情報保護委員会規則で定める基準に適合するもの
　　イ　細胞から採取されたデオキシリボ核酸（別名DNA）を構成する塩基の配列
　　ロ　顔の骨格及び皮膚の色並びに目、鼻、口その他の顔の部位の位置及び形状によって定まる容貌
　　ハ　虹彩の表面の起伏により形成される線状の模様
　　ニ　発声の際の声帯の振動、声門の開閉並びに声道の形状及びその変化
　　ホ　歩行の際の姿勢及び両腕の動作、歩幅その他の歩行の態様
　　ヘ　手のひら又は手の甲若しくは指の皮下の静脈の分岐及び端点によって定まるその静脈の形状ト　指紋又は掌紋
二　旅券法（昭和26年法律第267号）第6条第1項第1号の旅券の番号
三　国民年金法（昭和34年法律第141号）第14条に規定する基礎年金番号
四　道路交通法（昭和35年法律第105号）第93条第1項第1号の免許証の番号
五　住民基本台帳法（昭和42年法律第81号）第7条第13号に規定する住民票コード
六　行政手続における特定の個人を識別するための番号の利用等に関する法律（平成25年法律第27号）第2条第5項に規定する個人番号
七　次に掲げる証明書にその発行を受ける者ごとに異なるものとなるように記載された個人情報保護委員会規則で定める文字、番号、記号その他の符号
　　イ　国民健康保険法（昭和33年法律第192号）第9条第2項の被保険者証
　　ロ　高齢者の医療の確保に関する法律（昭和57年法律第80号）第54条第3項の被保険者証
　　ハ　介護保険法（平成9年法律第123号）第12条第3項の被保険者証
八　その他前各号に準ずるものとして個人情報保護委員会規則で定める文字、番号、記号その他の符号

（要配慮個人情報）

第2条　法第2条第3項の政令で定める記述等は、次に掲げる事項のいずれかを内容とする記述等（本人の病歴又は犯罪の経歴に該当するものを除く。）とする。

一　身体障害、知的障害、精神障害（発達障害を含む。）その他の個人情報保護委員会規則で定める心身の機能の障害があること。
二　本人に対して医師その他医療に関連する職務に従事する者（次号において「医師等」という。）により行われた疾病の予防及び早期発見のための健康診断その他の検査（同号において「健康診断等」という。）の結果
三　健康診断等の結果に基づき、又は疾病、負傷その他の心身の変化を理由として、本人に対して医師等により心身の状態の改善のための指導又は診療若しくは調剤が行われたこと。
四　本人を被疑者又は被告人として、逮捕、捜索、差押え、勾留、公訴の提起その他の刑事事件に関する手続が行われたこと。
五　本人を少年法（昭和23年法律第168号）第3条第1項に規定する少年又はその疑いのある者として、調査、観護の措置、審判、保護処分その他の少年の保護事件に関する手続が行われたこと。

（個人情報データベース等）

第3条　法第2条第4項の利用方法からみて個人の権利利益を害するおそれが少ないものとして政令で定めるものは、次の各号のいずれにも該当するものとする。

一　不特定かつ多数の者に販売することを目的として発行されたものであって、かつ、その発行が法又は法に基づく命令の規定に違反して行われたものでないこと。
二　不特定かつ多数の者により随時に購入することができ、又はできたものであること。
三　生存する個人に関する他の情報を加えることなくその本来の用途に供しているものであること。

2　法第2条第4項第2号の政令で定めるものは、これに含まれる個人情報を一定の規則に従って整理することにより特定の個人情報を容易に検索することができるように体系的に構成した情報の集合物であって、目次、索引その他検索を容易にするためのものを有するものをいう。

（保有個人データから除外されるもの）

第4条　法第2条第7項の政令で定めるものは、次に掲げるものとする。
一　当該個人データの存否が明らかになることにより、本人又は第三者の生命、身体又は財産に危害が及ぶおそれがあるもの
二　当該個人データの存否が明らかになることにより、違法又は不当な行為を助長し、又は誘発するおそれがあるもの
三　当該個人データの存否が明らかになることにより、国の安全が害されるおそれ、他国若しくは国際機関との信頼関係が損なわれるおそれ又は他国若しくは国際機関との交渉上不利益を被るおそれがあるもの
四　当該個人データの存否が明らかになることにより、犯罪の予防、鎮圧又は捜査その他の公共の安全と秩序の維持に支障が及ぶおそれがあるもの

（保有個人データから除外されるものの消去までの期間）
第5条　法第2条第7項の政令で定める期間は、6月とする。

（匿名加工情報データベース等）
第6条　法第2条第10項の政令で定めるものは、これに含まれる匿名加工情報を一定の規則に従って整理することにより特定の匿名加工情報を容易に検索することができるように体系的に構成した情報の集合物であって、目次、索引その他検索を容易にするためのものを有するものをいう。

（要配慮個人情報を本人の同意なく取得することができる場合）
第7条　法第17条第2項第6号の政令で定める場合は、次に掲げる場合とする。
一　本人を目視し、又は撮影することにより、その外形上明らかな要配慮個人情報を取得する場合
二　法第23条第5項各号に掲げる場合において、個人データである要配慮個人情報の提供を受けるとき。

（保有個人データの適正な取扱いの確保に関し必要な事項）
第8条　法第27条第1項第4号の政令で定めるものは、次に掲げるものとする。
一　当該個人情報取扱事業者が行う保有個人データの取扱いに関する苦情の申出先
二　当該個人情報取扱事業者が認定個人情報保護団体の対象事業者である場合にあっては、当該認定個人情報保護団体の名称及び苦情の解決の申出先

（個人情報取扱事業者が保有個人データを開示する方法）
第9条　法第28条第2項の政令で定める方法は、書面の交付による方法（開示の請求を行った者が同意した方法があるときは、当該方法）とする。

（開示等の請求等を受け付ける方法）
第10条　法第32条第1項の規定により個人情報取扱事業者が開示等の請求等を受け付ける方法として定めることができる事項は、次に掲げるとおりとする。
一　開示等の請求等の申出先
二　開示等の請求等に際して提出すべき書面（電磁的記録を含む。第14条第1項及び第21条第3項において同じ。）の様式その他の開示等の請求等の方式
三　開示等の請求等をする者が本人又は次条に規定する代理人であることの確認の方法
四　法第33条第1項の手数料の徴収方法

（開示等の請求等をすることができる代理人）
第11条　法第32条第3項の規定により開示等の請求等をすることができる代理人は、次に掲げる代理人とする。
一　未成年者又は成年被後見人の法定代理人
二　開示等の請求等をすることにつき本人が委任した代理人

（法第44条第1項の政令で定める事情）
第12条　法第44条第1項の政令で定める事情は、次の各号のいずれかに該当する事情とする。
一　緊急かつ重点的に個人情報等の適正な取扱いを確保する必要があること。
二　前号のほか、効果的かつ効率的に個人情報等の適正な取扱いを確保するために事業所管大臣が有する専門的知見を特に活用する必要があること。

（事業所管大臣への権限の委任）
第13条　個人情報保護委員会は、法第44条第1項の規定により、法第40条第1項の規定による権限を委任する場合においては、委任しようとする事務の範囲及び委任の期間を定めて、事業所管大臣に委任するものとする。ただし、個人情報保護委員会が自らその権限を行使することを妨げない。
2　個人情報保護委員会は、前項の規定により委任しようとする事務の範囲及び委任の期間を定めようとするときは、あらかじめ、事業所管大臣に協議しなければならない。
3　個人情報保護委員会は、第1項の規定により権限を委任しようとするときは、委任を受ける事業所管大臣、委任しようとする事務の範囲及び委任の期間を公示しなければならない。

（権限行使の結果の報告）
第14条　法第44条第2項の規定による報告は、前条第1項の期間の範囲内で個人情報保護委員

会が定める期間を経過するごとに（個人情報取扱事業者等に法第4章第1節又は第2節の規定に違反する行為があると認めたときは、直ちに）、その間の権限の行使の結果について次に掲げる事項を記載し、又は記録した書面により行うものとする。
　一　報告若しくは資料の提出の要求又は立入検査を行った結果により判明した事実
　二　その他参考となるべき事項
2　個人情報保護委員会は、前項の規定により報告の期間を定めようとするときは、あらかじめ、事業所管大臣に協議しなければならない。

（地方支分部局の長等への権限の委任）
第15条　事業所管大臣は、内閣府設置法（平成11年法律第89号）第49条第1項の庁の長（金融庁長官を除く。以下この条において同じ。）、国家行政組織法（昭和23年法律第120号）第3条第2項の庁の長又は警察庁長官に法第44条第1項の規定により委任された権限及び同条第2項の規定による権限を委任することができる。
2　事業所管大臣（前項の規定によりその権限が内閣府設置法第49条第1項の庁の長又は国家行政組織法第3条第2項の庁の長に委任された場合にあっては、その庁の長）は、内閣府設置法第17条若しくは第53条の官房、局若しくは部の長、同法第17条第1項若しくは第62条第1項若しくは第2項の職若しくは同法第43条若しくは第57条の地方支分部局の長又は国家行政組織法第7条の官房、局若しくは部の長、同法第9条の地方支分部局の長若しくは同法第20条第1項若しくは第2項の職に法第44条第1項の規定により委任された権限（当該場合にあっては、前項の規定により委任された権限（同条第2項の規定による権限を除く。））を委任することができる。
3　警察庁長官は、警察法（昭和29年法律第162号）第19条第1項の長官官房若しくは局、同条第2項の部又は同法第30条第1項の地方機関の長に第1項の規定により委任された権限（法第44条第2項の規定による権限を除く。）を委任することができる。
4　事業所管大臣、内閣府設置法第49条第1項の庁の長、国家行政組織法第3条第2項の庁の長又は警察庁長官は、前三項の規定により権限を委任しようとするときは、委任を受ける職員の官職、委任しようとする事務の範囲及び委任の期間を公示しなければならない。

（証券取引等監視委員会への権限の委任等）
第16条　金融庁長官は、法第44条第4項の規定により委任された権限（同条第2項の規定による権限を除き、金融商品取引法（昭和23年法律第25号）、投資信託及び投資法人に関する法律（昭和26年法律第198号）、資産の流動化に関する法律（平成10年法律第105号）及び社債、株式等の振替に関する法律（平成13年法律第75号）の規定により証券取引等監視委員会の権限に属させられた事項に係るものに限る。）を証券取引等監視委員会に委任する。ただし、金融庁長官が自らその権限を行使することを妨げない。
2　証券取引等監視委員会は、前項の規定により委任された権限を行使したときは、速やかに、その結果について金融庁長官に報告しなければならない。

（財務局長等への権限の委任）
第17条　金融庁長官は、法第44条第4項の規定により委任された権限（同条第2項の規定による権限及び同条第5項の規定により証券取引等監視委員会に委任された権限を除く。）を、個人情報取扱事業者等の主たる事務所又は事業所（次項及び次条第1項において「主たる事務所等」という。）の所在地を管轄する財務局長（当該所在地が福岡財務支局の管轄区域内にある場合にあっては、福岡財務支局長）に委任する。ただし、金融庁長官が自らその権限を行使することを妨げない。
2　前項の規定により委任された権限で、個人情報取扱事業者等の主たる事務所等以外の事務所、事業所その他その事業を行う場所（以下この項及び次条第2項において「従たる事務所等」という。）に関するものについては、前項に規定する財務局長又は福岡財務支局長のほか、当該従たる事務所等の所在地を管轄する財務局長（当該所在地が福岡財務支局の管轄区域内にある場合にあっては、福岡財務支局長）も行うことができる。

第18条　証券取引等監視委員会は、法第44条第5項の規定により委任された権限を、個人情報取扱事業者等の主たる事務所等の所在地を管轄する財務局長（当該所在地が福岡財務支局の管轄区域内にある場合にあっては、福岡財務支局長）に委任する。ただし、証券取引等監視委員会が自らその権限を行使することを妨げない。
2　前項の規定により委任された権限で、個人情報取扱事業者等の従たる事務所等に関するものについては、同項に規定する財務局長又は福岡財務支局長のほか、当該従たる事務所等の所在地を管轄する財務局長（当該所在地が福岡財務支局の管轄区域内にある場合にあっては、福岡財務支局長）も行うことができる。

（認定個人情報保護団体の認定の申請）

第19条　法第47条第2項の規定による申請は、次に掲げる事項を記載した申請書を個人情報保護委員会に提出してしなければならない。
　一　名称及び住所並びに代表者又は管理人の氏名
　二　認定の申請に係る業務を行おうとする事務所の所在地
　三　認定の申請に係る業務の概要（対象事業者が取り扱う情報が個人情報又は匿名加工情報のいずれであるかの別を含む。）
2　前項の申請書には、次に掲げる書類を添付しなければならない。
　一　定款、寄附行為その他の基本約款
　二　認定を受けようとする者が法第48条各号の規定に該当しないことを誓約する書面
　三　認定の申請に係る業務の実施の方法を記載した書類
　四　認定の申請に係る業務を適正かつ確実に行うに足りる知識及び能力を有することを明らかにする書類
　五　最近の事業年度における事業報告書、貸借対照表、収支決算書、財産目録その他の経理的基礎を有することを明らかにする書類（申請の日の属する事業年度に設立された法人にあっては、その設立時における財産目録）
　六　役員の氏名、住所及び略歴を記載した書類
　七　対象事業者の氏名又は名称を記載した書類及び当該対象事業者が認定を受けようとする者の構成員であること又は認定の申請に係る業務の対象となることについて同意した者であることを証する書類
　八　認定の申請に係る業務以外の業務を行っている場合は、その業務の種類及び概要を記載した書類
　九　その他参考となる事項を記載した書類
3　認定個人情報保護団体は、第1項各号に掲げる事項又は前項第2号から第4号まで、第6号若しくは第8号に掲げる書類に記載した事項に変更があったときは、遅滞なく、その旨（同項第3号に掲げる書類に記載した事項に変更があったときは、その理由を含む。）を記載した届出書を個人情報保護委員会に提出しなければならない。

（認定業務の廃止の届出）
第20条　認定個人情報保護団体は、認定業務を廃止しようとするときは、廃止しようとする日の3月前までに、次に掲げる事項を記載した届出書を個人情報保護委員会に提出しなければならない。
　一　名称及び住所並びに代表者又は管理人の氏名
　二　法第52条第1項の申出の受付を終了しようとする日
　三　認定業務を廃止しようとする日
　四　認定業務を廃止する理由

（地方公共団体の長等が処理する事務）
第21条　法第40条第1項に規定する個人情報保護委員会の権限に属する事務（以下この条において「検査等事務」という。）は、当該権限が法第44条第1項の規定により事業所管大臣に委任され、又は同条第4項の規定により金融庁長官に委任された場合において、個人情報取扱事業者等が行う事業であって当該事業所管大臣又は金融庁長官が所管するものについての報告の徴収又は検査に係る権限に属する事務の全部又は一部が他の法令の規定により地方公共団体の長その他の執行機関（以下この条において「地方公共団体の長等」という。）が行うこととされているときは、当該地方公共団体の長等が行う。この場合において、当該事務を行うこととなる地方公共団体の長等が2以上あるときは、検査等事務は、各地方公共団体の長等がそれぞれ単独に行うことを妨げない。
2　前項の規定は、事業所管大臣又は金融庁長官が自ら検査等事務を行うことを妨げない。
3　第1項の規定により検査等事務を行った地方公共団体の長等は、第14条第1項の規定により個人情報保護委員会が定める期間を経過するごとに（個人情報取扱事業者等に法第4章第1節又は第2節の規定に違反する行為があると認めたときは、直ちに）、その間に行った検査等事務の結果について同項各号に掲げる事項を記載し、又は記録した書面により事業所管大臣又は金融庁長官を経由して個人情報保護委員会に報告しなければならない。
4　第1項の規定により地方公共団体の長等が検査事務を行う場合においては、当該検査等事務に係る個人情報保護委員会に関する法第40条の規定は、地方公共団体の長等に関する規定として地方公共団体の長等に適用があるものとする。

個人情報の保護に関する法律施行規則

（平成28年10月5日 個人情報保護委員会規則第3号）

個人情報の保護に関する法律（平成15年法律第57号）及び個人情報の保護に関する法律施行令（平成15年政令第507号）の規定に基づき、並びに同法を実施するため、個人情報の保護に関する法律施行規則を次のように定める。

（定義）
第1条　この規則において使用する用語は、個人情報の保護に関する法律（以下「法」という。）において使用する用語の例による。

（身体の特徴を電子計算機の用に供するために変換した文字、番号、記号その他の符号に関する基準）
第2条　個人情報の保護に関する法律施行令（以下「令」という。）第1条第1号の個人情報保護委員会規則で定める基準は、特定の個人を識別することができる水準が確保されるよう、適切な範囲を適切な手法により電子計算機の用に供するために変換することとする。

（証明書にその発行を受ける者ごとに異なるものとなるように記載された文字、番号、記号その他の符号）
第3条　令第1条第7号の個人情報保護委員会規則で定める文字、番号、記号その他の符号は、次の各号に掲げる証明書ごとに、それぞれ当該各号に定めるものとする。
　一　令第1条第7号イに掲げる証明書　同号イに掲げる証明書の記号、番号及び保険者番号
　二　令第1条第7号ロ及びハに掲げる証明書　同号ロ及びハに掲げる証明書の番号及び保険者番号

（旅券の番号等に準ずる文字、番号、記号その他の符号）
第4条　令第1条第8号の個人情報保護委員会規則で定める文字、番号、記号その他の符号は、次に掲げるものとする。
　一　健康保険法施行規則（大正15年内務省令第36号）第47条第2項の被保険者証の記号、番号及び保険者番号
　二　健康保険法施行規則第52条第1項の高齢受給者証の記号、番号及び保険者番号
　三　船員保険法施行規則（昭和15年厚生省令第5号）第35条第1項の被保険者証の記号、番号及び保険者番号
　四　船員保険法施行規則第41条第1項の高齢受給者証の記号、番号及び保険者番号
　五　出入国管理及び難民認定法（昭和26年政令第319号）第2条第5号に規定する旅券（日本国政府の発行したものを除く。）の番号
　六　出入国管理及び難民認定法第19条の4第1項第5号の在留カードの番号
　七　私立学校教職員共済法施行規則（昭和28年文部省令第28号）第1条の7の加入者証の加入者番号
　八　私立学校教職員共済法施行規則第3条第1項の加入者被扶養者証の加入者番号
　九　私立学校教職員共済法施行規則第3条の2第1項の高齢受給者証の加入者番号
　十　国民健康保険法施行規則（昭和33年厚生省令第53号）第7条の4第1項に規定する高齢受給者証の記号、番号及び保険者番号
　十一　国家公務員共済組合法施行規則（昭和33年大蔵省令第54号）第89条の組合員証の記号、番号及び保険者番号
　十二　国家公務員共済組合法施行規則第95条第1項の組合員被扶養者証の記号、番号及び保険者番号
　十三　国家公務員共済組合法施行規則第95条の2第1項の高齢受給者証の記号、番号及び保険者番号
　十四　国家公務員共済組合法施行規則第127条の2第1項の船員組合員証及び船員組合員被扶養者証の記号、番号及び保険者番号
　十五　地方公務員等共済組合法規程（昭和37年総理府・文部省・自治省令第1号）第93条第2項の組合員証の記号、番号及び保険者番号
　十六　地方公務員等共済組合法規程第100条第1項の組合員被扶養者証の記号、番号及び保険者番号
　十七　地方公務員等共済組合法規程第100条の2第1項の高齢受給者証の記号、番号及び保険者番号
　十八　地方公務員等共済組合法規程第176条第2項の船員組合員証及び船員組合員被扶養者証の記号、番号及び保険者番号
　十九　雇用保険法施行規則（昭和50年労働省令第3号）第10条第1項の雇用保険被保険者証の被保険者番号
　二十　日本国との平和条約に基づき日本の国籍を離脱した者等の出入国管理に関する特例法（平成3年法律第71号）第8条第1項第3号の特別永住者証明書の番号

（要配慮個人情報）

第5条　令第2条第1号の個人情報保護委員会規則で定める心身の機能の障害は、次に掲げる障害とする。
一　身体障害者福祉法（昭和24年法律第283号）別表に掲げる身体上の障害
二　知的障害者福祉法（昭和35年法律第37号）にいう知的障害
三　精神保健及び精神障害者福祉に関する法律（昭和25年法律第123号）にいう精神障害（発達障害者支援法（平成16年法律第167号）第2条第2項に規定する発達障害を含み、前号に掲げるものを除く。）
四　治療方法が確立していない疾病その他の特殊の疾病であって障害者の日常生活及び社会生活を総合的に支援するための法律（平成17年法律第123号）第4条第1項の政令で定めるものによる障害の程度が同項の厚生労働大臣が定める程度であるもの

（法第17条第2項第5号の個人情報保護委員会規則で定める者）
第6条　法第17条第2項第5号の個人情報保護委員会規則で定める者は、次の各号のいずれかに該当する者とする。
一　外国政府、外国の政府機関、外国の地方公共団体又は国際機関
二　外国において法第76条第1項各号に掲げる者に相当する者

（第三者提供に係る事前の通知等）
第7条　法第23条第2項又は第3項の規定による通知又は容易に知り得る状態に置く措置は、次に掲げるところにより、行うものとする。
一　第三者に提供される個人データによって識別される本人（次号において「本人」という。）が当該提供の停止を求めるのに必要な期間をおくこと。
二　本人が法第23条第2項各号に掲げる事項を確実に認識できる適切かつ合理的な方法によること。
2　法第23条第2項又は第3項の規定による届出は、次に掲げる方法のいずれかにより行わなければならない。
一　個人情報保護委員会が定めるところにより、電子情報処理組織（個人情報保護委員会の使用に係る電子計算機と届出を行う者の使用に係る電子計算機とを電気通信回線で接続した電子情報処理組織をいう。）を使用する方法
二　別記様式第1による届出書及び当該届出書に記載すべき事項を記録した光ディスク（これに準ずる方法により一定の事項を確実に記録しておくことができる物を含む。以下「光ディスク等」という。）を提出する方法
3　個人情報取扱事業者が、代理人によって法第23条第2項又は第3項の規定による届出を行う場合には、別記様式第2によるその権限を証する書面（電磁的記録を含む。以下同じ。）を個人情報保護委員会に提出しなければならない。

（外国にある個人情報取扱事業者の代理人）
第8条　外国にある個人情報取扱事業者は、法第23条第2項又は第3項の規定による届出を行う場合には、国内に住所を有する者であって、当該届出に関する一切の行為につき、当該個人情報取扱事業者を代理する権限を有するものを定めなければならない。この場合において、当該個人情報取扱事業者は、当該届出と同時に、当該個人情報取扱事業者が国内に住所を有する者に、当該届出に関する一切の行為につき、当該個人情報取扱事業者を代理する権限を付与したことを証する書面（日本語による翻訳文を含む。）を個人情報保護委員会に提出しなければならない。

（第三者提供に係る個人情報保護委員会による公表）
第9条　法第23条第4項の規定による公表は、同条第2項又は第3項の規定による届出があった後、遅滞なく、インターネットの利用その他の適切な方法により行うものとする。

（第三者提供に係る個人情報取扱事業者による公表）
第10条　個人情報取扱事業者は、法第23条第4項の規定による公表がされた後、速やかに、インターネットの利用その他の適切な方法により、同条第2項に掲げる事項（同項第2号、第3号又は第5号に掲げる事項に変更があったときは、変更後の当該各号に掲げる事項）を公表するものとする。

（個人情報取扱事業者が講ずべきこととされている措置に相当する措置を継続的に講ずるために必要な体制の基準）
第11条　法第24条の個人情報保護委員会規則で定める基準は、次の各号のいずれかに該当することとする。
一　個人情報取扱事業者と個人データの提供を受ける者との間で、当該提供を受ける者における当該個人データの取扱いについて、適切かつ合理的な方法により、法第4章第1節の規定の趣旨に沿った措置の実施が確保されていること。
二　個人データの提供を受ける者が、個人情報の取扱いに係る国際的な枠組みに基づく認定を受けていること。

（第三者提供に係る記録の作成）
第12条　法第25条第1項の規定による同項の記録を作成する方法は、文書、電磁的記録又はマ

イクロフィルムを用いて作成する方法とする。
2　法第25条第1項の記録は、個人データを第三者（同項に規定する第三者をいう。以下この条、次条及び第15条から第17条までにおいて同じ。）に提供した都度、速やかに作成しなければならない。ただし、当該第三者に対し個人データを継続的に若しくは反復して提供（法第23条第2項の規定による提供を除く。以下この項において同じ。）したとき、又は当該第三者に対し個人データを継続的に若しくは反復して提供することが確実であると見込まれるときの記録は、一括して作成することができる。
3　前項の規定にかかわらず、法第23条第1項又は法第24条の規定により、本人に対する物品又は役務の提供に関連して当該本人に係る個人データを第三者に提供した場合において、当該提供に関して作成された契約書その他の書面に次条第1項各号に定める事項が記載されているときは、当該書面をもって法第25条第1項の当該事項に関する記録に代えることができる。

（第三者提供に係る記録事項）
第13条　法第25条第1項の個人情報保護委員会規則で定める事項は、次の各号に掲げる場合の区分に応じ、それぞれ当該各号に定める事項とする。
一　法第23条第2項の規定により個人データを第三者に提供した場合　次のイからニまでに掲げる事項
　　イ　当該個人データを提供した年月日
　　ロ　当該第三者の氏名又は名称その他の当該第三者を特定するに足りる事項（不特定かつ多数の者に対して提供したときは、その旨）
　　ハ　当該個人データによって識別される本人の氏名その他の当該本人を特定するに足りる事項
　　ニ　当該個人データの項目
二　法第23条第1項又は法第24条の規定により個人データを第三者に提供した場合　次のイ及びロに掲げる事項
　　イ　法第23条第1項又は法第24条の本人の同意を得ている旨
　　ロ　前号ロからニまでに掲げる事項
2　前項各号に定める事項のうち、既に前条に規定する方法により作成した法第25条第1項の記録（当該記録を保存している場合におけるものに限る。）に記録されている事項と内容が同一であるものについては、法第25条第1項の当該事項の記録を省略することができる。

（第三者提供に係る記録の保存期間）
第14条　法第25条第2項の個人情報保護委員会規則で定める期間は、次の各号に掲げる場合の区分に応じて、それぞれ当該各号に定める期間とする。
一　第12条第3項に規定する方法により記録を作成した場合　最後に当該記録に係る個人データの提供を行った日から起算して1年を経過する日までの間
二　第12条第2項ただし書に規定する方法により記録を作成した場合　最後に当該記録に係る個人データの提供を行った日から起算して3年を経過する日までの間
三　前二号以外の場合　3年

（第三者提供を受ける際の確認）
第15条　法第26条第1項の規定による同項第1号に掲げる事項の確認を行う方法は、個人データを提供する第三者から申告を受ける方法その他の適切な方法とする。
2　法第26条第1項の規定による同項第2号に掲げる事項の確認を行う方法は、個人データを提供する第三者から当該第三者による当該個人データの取得の経緯を示す契約書その他の書面の提示を受ける方法その他の適切な方法とする。
3　前二項の規定にかかわらず、第三者から他の個人データの提供を受けるに際して既に前二項に規定する方法による確認（当該確認について次条に規定する方法による記録の作成及び保存をしている場合におけるものに限る。）を行っている事項の確認を行う方法は、当該事項の内容と当該提供に係る法第26条第1項各号に掲げる事項の内容が同一であることの確認を行う方法とする。

（第三者提供を受ける際の確認に係る記録の作成）
第16条　法第26条第3項の規定による同項の記録を作成する方法は、文書、電磁的記録又はマイクロフィルムを用いて作成する方法とする。
2　法第26条第3項の記録は、第三者から個人データの提供を受けた都度、速やかに作成しなければならない。ただし、当該第三者から継続的に若しくは反復して個人データの提供（法第23条第2項の規定による提供を除く。以下この条において同じ。）を受けたとき、又は当該第三者から継続的に若しくは反復して個人データの提供を受けることが確実であると見込まれるときの記録は、一括して作成することができる。
3　前項の規定にかかわらず、本人に対する物品又は役務の提供に関連して第三者から当該本人に係る個人データの提供を受けた場合において、当該提供に関して作成された契約書その他の書面に次条第1項各号に定める事項が記載されているときは、当該書面をもって法第26条第3項の当該事項に関する記録に代えることができる。

（第三者提供を受ける際の記録事項）

第17条　法第26条第3項の個人情報保護委員会規則で定める事項は、次の各号に掲げる場合の区分に応じ、それぞれ当該各号に定める事項とする。
　一　個人情報取扱事業者から法第23条第2項の規定による個人データの提供を受けた場合　次のイからホまでに掲げる事項
　　イ　個人データの提供を受けた年月日
　　ロ　法第26条第1項各号に掲げる事項
　　ハ　当該個人データによって識別される本人の氏名その他の当該本人を特定するに足りる事項
　　ニ　当該個人データの項目
　　ホ　法第23条第4項の規定により公表されている旨
　二　個人情報取扱事業者から法第23条第1項又は法第24条の規定による個人データの提供を受けた場合　次のイ及びロに掲げる事項
　　イ　法第23条第1項又は法第24条の本人の同意を得ている旨
　　ロ　前号ロからニまでに掲げる事項
　三　第三者（個人情報取扱事業者に該当する者を除く。）から個人データの提供を受けた場合　第1号ロからニまでに掲げる事項
2　前項各号に定める事項のうち、既に前条に規定する方法により作成した法第26条第3項の記録（当該記録を保存している場合におけるものに限る。）に記録された事項と内容が同一であるものについては、法第26条第3項の当該事項の記録を省略することができる。

（第三者提供を受ける際の記録の保存期間）
第18条　法第26条第4項の個人情報保護委員会規則で定める期間は、次の各号に掲げる場合の区分に応じて、それぞれ当該各号に定める期間とする。
　一　第16条第3項に規定する方法により記録を作成した場合　最後に当該記録に係る個人データの提供を受けた日から起算して1年を経過する日までの間
　二　第16条第2項ただし書に規定する方法により記録を作成した場合　最後に当該記録に係る個人データの提供を受けた日から起算して3年を経過する日までの間
　三　前二号以外の場合　3年

（匿名加工情報の作成の方法に関する基準）
第19条　法第36条第1項の個人情報保護委員会規則で定める基準は、次のとおりとする。
　一　個人情報に含まれる特定の個人を識別することができる記述等の全部又は一部を削除すること（当該全部又は一部の記述等を復元することのできる規則性を有しない方法により他の記述等に置き換えることを含む。）。
　二　個人情報に含まれる個人識別符号の全部を削除すること（当該個人識別符号を復元することのできる規則性を有しない方法により他の記述等に置き換えることを含む。）。
　三　個人情報と当該個人情報に措置を講じて得られる情報とを連結する符号（現に個人情報取扱事業者において取り扱う情報を相互に連結する符号に限る。）を削除すること（当該符号を復元することのできる規則性を有しない方法により当該個人情報と当該個人情報に措置を講じて得られる情報を連結することができない符号に置き換えることを含む。）。
　四　特異な記述等を削除すること（当該特異な記述等を復元することのできる規則性を有しない方法により他の記述等に置き換えることを含む。）。
　五　前各号に掲げる措置のほか、個人情報に含まれる記述等と当該個人情報を含む個人情報データベース等を構成する他の個人情報に含まれる記述等との差異その他の当該個人情報データベース等の性質を勘案し、その結果を踏まえて適切な措置を講ずること。

（加工方法等情報に係る安全管理措置の基準）
第20条　法第36条第2項の個人情報保護委員会規則で定める基準は、次のとおりとする。
　一　加工方法等情報（匿名加工情報の作成に用いた個人情報から削除した記述等及び個人識別符号並びに法第36条第1項の規定により行った加工の方法に関する情報（その情報を用いて当該個人情報を復元することができるものに限る。）をいう。以下この条において同じ。）を取り扱う者の権限及び責任を明確に定めること。
　二　加工方法等情報の取扱いに関する規程類を整備し、当該規程類に従って加工方法等情報を適切に取り扱うとともに、その取扱いの状況について評価を行い、その結果に基づき改善を図るために必要な措置を講ずること。
　三　加工方法等情報を取り扱う正当な権限を有しない者による加工方法等情報の取扱いを防止するために必要かつ適切な措置を講ずること。

（個人情報取扱事業者による匿名加工情報の作成時における公表）
第21条　法第36条第3項の規定による公表は、匿名加工情報を作成した後、遅滞なく、インターネットの利用その他の適切な方法により行うものとする。
2　個人情報取扱事業者が他の個人情報取扱事業者の委託を受けて匿名加工情報を作成した場合

は、当該他の個人情報取扱事業者が当該匿名加工情報に含まれる個人に関する情報の項目を前条に規定する方法により公表するものとする。この場合においては、当該公表をもって当該個人情報取扱事業者が当該項目を公表したものとみなす。

(個人情報取扱事業者による匿名加工情報の第三者提供時における公表等)
第22条　法第36条第4項の規定による公表は、インターネットの利用その他の適切な方法により行うものとする。
2　法第36条第4項の規定による明示は、電子メールを送信する方法又は書面を交付する方法その他の適切な方法により行うものとする。

(匿名加工情報取扱事業者による匿名加工情報の第三者提供時における公表等)
第23条　前条第1項の規定は、法第37条の規定による公表について準用する。
2　前条第2項の規定は、法第37条の規定による明示について準用する。

(個人情報保護指針の届出)
第24条　法第53条第2項の規定による届出は、別記様式第3による届出書によるものとする。

(個人情報保護委員会による個人情報保護指針の公表)
第25条　法第53条第3項の規定による公表は、インターネットの利用その他の適切な方法により行うものとする。

(認定個人情報保護団体による個人情報保護指針の公表)
第26条　認定個人情報保護団体は、法第53条第3項の規定による公表がされた後、遅滞なく、インターネットの利用その他の適切な方法により、同条第2項の規定により届け出た個人情報保護指針を公表するものとする。

　　　　　　附　　則

(施行期日)
第1条　この規則は、個人情報の保護に関する法律及び行政手続における特定の個人を識別するための番号の利用等に関する法律の一部を改正する法律(平成27年法律第65号。以下「改正法」という。)の施行の日から施行する。ただし、附則第6条及び附則第7条の規定は、改正法附則第1条第4号に掲げる規定の施行の日から施行する。

(第三者提供の事前の届出に関する特例)
第2条　法第23条第2項の規定による届出は、第7条第2項の規定にかかわらず、同項第1号の規定により個人情報保護委員会が定めるまでの間は、別記様式第1による届出書及び当該届出書に記載すべき事項を記録した光ディスク等を提出して行うものとする。
2　代理人によって前項の規定による届出を行う場合には、前項の届出書に別記様式第2によるその権限を証する書面を添付しなければならない。

(第三者提供に係る記録の作成に関する経過措置)
第3条　第13条第1項に規定する事項のうち、施行日前に第12条に規定する方法に相当する方法で記録(当該記録を保存している場合におけるものに限る。)を作成しているものについては、第13条第2項の規定を適用することができる。この場合において、同項中「前条に規定する方法」とあるのは「前条に規定する方法に相当する方法」と読み替えるものとする。

(第三者提供を受ける際の確認に関する経過措置)
第4条　法第26条第1項各号に規定する事項のうち、施行日前に第15条に規定する方法に相当する方法で確認(当該確認について第16条に規定する方法に相当する方法により記録を作成し、かつ、保存している場合におけるものに限る。)を行っているものについては、第15条第3項を適用することができる。この場合において、同項中「前二項に規定する方法」とあるのは「前二項に規定する方法に相当する方法」と読み替えるものとする。

(第三者提供を受ける際の確認に係る記録の作成に関する経過措置)
第5条　第17条第1項に規定する事項のうち、施行日前に第16条に規定する方法に相当する方法で記録(当該記録を保存している場合におけるものに限る。)を作成しているものについては、第17条第2項を適用することができる。この場合において、同項中「前条に規定する方法」とあるのは「前条に規定する方法に相当する方法」と読み替えるものとする。

(改正法附則第2条の規定による通知の方法)
第6条　第7条第1項の規定(通知に関する部分に限る。)は、改正法附則第2条の規定による通知について準用する。

(改正法附則第2条の規定による届出の方法)
第7条　改正法附則第2条の規定による届出は、別記様式第1による届出書及当該届出書に記載すべき事項を記録した光ディスク等を提出して行うものとする。
2　個人情報取扱事業者が、代理人によって改正法附則第2条の規定による届出を行う場合には、前項の届出書に別記様式第2によるその権限を証する書面を添付して個人情報保護委員会に提出しなければならない。

著者紹介

五味　祐子（ごみ　ゆうこ）

弁護士（国広総合法律事務所）・パートナー

上智大学法学部卒業。1999年弁護士登録（第二東京弁護士会）。

専門は、訴訟（会社法：株主代表訴訟役員側・提訴請求対応、金融商品取引法、企業会計）、リスク管理体制構築（コンプライアンス、コーポレートガバナンス、内部統制、ＣＳＲ）、内部通報制度の整備運用（外部窓口含む）、社内調査、危機管理など。

（主な役職等）

・内閣府法令遵守対応室・法令参与
・海上保安庁　情報セキュリティ・アドバイザリー会議・委員
・一般社団法人生産技術奨励会・評議員
・消費者庁　消費者志向経営の取組促進に関する検討会・委員
・消費者庁　内部通報制度に関する認証制度検討会・委員

国広総合法律事務所
http://www.kunihiro-law.com

社会福祉関係者のための個人情報保護Q&A

平成30年3月7日　初版第1刷発行

著　者	五味　祐子
定　価	本体1000円（税別）
発行者	渋谷　篤男
発行所	社会福祉法人　全国社会福祉協議会
	〒100-8980　東京都千代田区霞が関3-3-2　新霞が関ビル
	TEL.03-3581-9511　振替00160-5-38440
印刷所	株式会社　暁印刷

ISBN978-4-7935-1269-8 C2036 ¥1000E